tradução JOÃO GOMES

ADEUS AO CAPITALISMO
AUTONOMIA, SOCIEDADE DO BEM VIVER E MULTIPLICIDADE DOS MUNDOS

JÉRÔME ★ BASCHET

AUTONOMIA LITERÁRIA & GLAC edições

*Cet ouvrage, publié dans le cadre du Programme d'Aide
à la Publication année 2021 Carlos Drummond de Andrade de
l'Ambassade de France au Brésil, bénéficie du soutien du
Ministère de l'Europe et des Affaires étrangères.*

Este livro, publicado no âmbito do Programa de Apoio
à Publicação ano 2021 Carlos Drummond de Andrade da
Embaixada da França no Brasil, contou com o apoio do Ministério
Francês da Europa e das Relações Exteriores.

ADEUS AO CAPITALISMO
autonomia, sociedade do Bem Viver
e multiplicidade dos mundos
Jérôme Baschet

ISBN 1ª edição
978-65-87233-62-8 – Autonomia Literária
978-65-86598-11-7 – GLAC edições

COORDENAÇÃO EDITORIAL
GLAC edições   Leonardo Araujo Beserra
Autonomia Literária   Cauê Ameni, Hugo Albuquerque & Manuela Beloni
PROJ. GRÁFICO E DIAGRAMAÇÃO   Leonardo de Araujo Beserra
REVISÃO   Andréia Manfrim e Manuela Beloni
ILUSTRAÇÃO DE CAPA   Pedro Andrada e Zenite
REVISÃO DE PROVA   Letícia Bergamini Souto
TRADUÇÃO   João Gomes

© Editions La Découverte, Paris, 2014.
© GLAC edições, para a presente edição.
© Autonomia Literária, para a presente edição.
TÍTULO ORIGINAL   *Adieux au capitalisme: autonomie,
société du bien vivre et multiplicité des mondes*

INTRODUÇÃO	NÃO SALVEMOS O CAPITALISMO, SALVEMO-NOS DELE!	4
CAPÍTULO I	O CAPITALISMO, SISTEMA HUMANICIDA	16
CAPÍTULO II	CONSTRUIR A AUTONOMIA: A POLÍTICA SEM O ESTADO	48
CAPÍTULO III	A SOCIEDADE LIBERADA DA ECONOMIA	78
CAPÍTULO IV	UM MUNDO FEITO DE MÚLTIPLOS MUNDOS	108
CAPÍTULO V	NÓS JÁ ESTAMOS A CAMINHO	144
CONSIDERAÇÕES FINAIS	NENHUM CAMINHO ESTÁ TRAÇADO E JAMAIS EXISTIRÁ *UM* CAMINHO	174
ANEXO	ELEMENTOS PARA UMA ESTIMATIVA DO TEMPO DE ATIVIDADE SOCIALMENTE NECESSÁRIO EM UMA SOCIEDADE PÓS-CAPITALISTA	180
AGRADECIMENTOS		188

INTRODUÇÃO

Aos jovens, às crianças, às mulheres e aos homens das montanhas de Chiapas, que nos deram tantas lições de inventiva resistência, de paciente capacidade para construir como coletivo e de digna humanidade.

NÃO SALVEMOS O CAPITALISMO, SALVEMO-NOS DELE!

NÓS ESTAMOS INCRUSTADOS NA REALIDADE. Ela cola na pele, como uma vestimenta impossível de arrancar. Em um mundo que se gaba da flexibilidade e da fluidez, a realidade constituiu-se paradoxalmente como uma matéria cada vez mais densa e pesada; mesmo sua complexidade reticular foi colocada a serviço da onipotência tentacular. Ela multiplica as armadilhas da coerção, da urgência e da inelutável adaptação a processos globalizados sobre os quais ninguém poderia ter controle. A fatalidade sistêmica reina e os movimentos incessantes de um mundo mutável e líquido não são nada mais do que a plena realização dessa fatalidade.

A adesão à realidade pode, claro, tomar formas diversas, nas quais têm um lugar variável o imperativo de sobrevivência, o tremeluzir de modelos de ascensão social, as seduções viciantes do consumo, os pequenos privilégios de uma vida um pouco confortável, as armadilhas de uma lógica concorrencial que nos obriga a crer que não haverá lugar para todo mundo, o medo de perder o pouco que se tem e o sentimento de uma insegurança meticulosamente manutenida. Mesmo uma boa dose de ceticismo, ou até mesmo uma sólida capacidade crítica, não ferem, no mais das vezes, essa adesão a um sistema que renunciou, talvez, a nos convencer das suas virtudes para se contentar em aparecer como a única realidade possível, fora do caos absoluto, como resume a sentença emblemática de François Furet: "Nós estamos condenados a viver no mundo no qual vivemos".[1] Não há alternativa:[2] tal é a convicção que as formas de dominação atuais conseguiram disseminar no corpo social. Para além das opiniões de cada um, essa é a norma de fato, em virtude da qual o agir está em conformidade com uma implacável lógica de adequação à realidade socialmente constituída.

---

1 François Furet, *Le Passé d'une illusion. Essai sur l'idée communiste au XXe siècle*, Robert Lafont – Calmann-Lévy, Paris, 1995, p. 572.
2 A célebre TINA (*There is no alternative*), de Margaret Thatcher.

Entretanto, esse belo edifício começou a fissurar. O apogeu disso que, nos anos 1980-1990, chamava-se pensamento único, já ficou para trás. Um pouco de caminho foi percorrido desde o momento em que o recrudescimento do fim da história passava por uma evidência quase incontestada. O ciclo do refluxo da crítica social, preparado por volta de 1972-1974 e lugubremente amplificado nas décadas do triunfo neoliberal, conheceu seus primeiros reveses a partir de meados dos anos 1990 (notadamente o levante zapatista em 1994, as greves de dezembro de 1995 na França e as mobilizações de Seattle em 1999). Iniciou-se então um outro ciclo, marcado pela forte ascensão das críticas ao neoliberalismo e pela emergência de redes altermundialistas cuja aspiração a "um outro mundo possível" constituiu uma arma eficaz contra a suposta inelutabilidade da ordem neoliberal. Emergiram atores até então pouco visíveis (os excluídos, os "sem" [alguma coisa], os migrantes, os povos indígenas...), e também novas formas de organização e maneiras diferentes de conceber as lutas (assumidas em sua pluralidade e complementaridade, sem hegemonismo e com o intuito de defender a integralidade da vida).

Quaisquer que sejam os limites desses movimentos, os anos 2000 foram marcados por uma retomada de criatividade crítica e por uma nova radicalização. Um desses indícios, mínimo, mas revelador, é a ressurgência do termo "capitalismo", que o triunfo do pensamento único havia conseguido transformar em um arcaísmo inconveniente, senão francamente obsceno.[3] Ora, esse termo é suscetível de mobilizar um forte potencial crítico, pois permite nomear a própria realidade segundo uma lógica distinta daquela pela qual essa mesma realidade tenta se impor a todos.[4] Seus detratores estavam em uma boa posição para denunciar uma terminologia redutora, operando uma abusiva

---

[3] Em favor da crise econômica de 2008, a palavra voltou até mesmo no discurso oficial e midiático, o que talvez seja uma maneira de tentar desarmar a força crítica que esse termo começava então a encontrar.

[4] É o termo "democracia" (amplamente esvaziado de seu sentido) que ordena a denominação dominante da realidade. Para esta, "nós vivemos em democracias", e não em um sistema capitalista.

unificação da realidade. Eles fingem ignorar que uma verdadeira análise das dinâmicas do capitalismo (uma forma de organização social e não somente um sistema econômico) deve fazer com que apareçam a sua complexidade, as suas contradições e as suas mutações incessantes. O que não impede que esse termo, associado às análises críticas necessárias, possua a temível eficácia para designar as lógicas dominantes (nem absolutas, nem únicas) que se impõem em todos os campos de nossa realidade presente. Dando um nome *comum* ao que é rejeitado, o termo pode constituir um terreno de reunião de lutas múltiplas. Além do mais, a noção é implicitamente portadora de seu contrário, e o anticapitalismo retornou efetivamente em várias regiões do globo, em meados dos anos 2000, à medida que uma luta atrelada à denúncia das formas neoliberais do capitalismo começava a mostrar seus limites. Falar de anticapitalismo suscita, por vezes, reservas, e algumas pessoas ficam constrangidas pelo caráter negativo do termo. Mas, nesse caso, é se apegar à forma visível da expressão, que contém na realidade, e indissociavelmente, a afirmação de um projeto alternativo, o qual não poderia ser defendido sem rejeitar ao mesmo tempo o que o nega. A negação do mundo da negação é o ponto de ancoragem concreto do impulso emancipador.

Enquanto a partilha das experiências e a malha das lutas se ampliam, a crítica anticapitalista tende a ganhar em acuidade. Um passo importante consiste em se situar cada vez mais resolutamente na perspectiva de uma superação do capitalismo, pois dá praticamente na mesma nos acabar de tanto denunciar seus crimes, curvando-nos finalmente diante da sua aparente invencibilidade, ou adiando sua superação hipotética indefinidamente a pontos tão distantes. A crítica, então, não serve senão para tentar promover acomodações no seio do próprio capitalismo ou, segundo a expressão consagrada, para limar os ângulos mais agudos do neoliberalismo. É um anticapitalismo inconsequente que qualificaremos de *capitulismo*.[5]

---

5 N.T.: Termo que tanto em francês quanto em português provém do verbo "capitular" (*capituler*), que significa "rendição".

Para combater o *capitulismo* tão largamente disseminado, não é inútil intensificar a reflexão sobre as alternativas ao capitalismo e as potencialidades que sua superação abriria. Aliás, convocar outros mundos possíveis (não capitalistas) acentua a relativização do estado presente das coisas e libera uma fonte de energia suscetível de abalar sua suposta invencibilidade. Afinar a crítica do existente e dar consistência a universos alternativos são meios complementares de fazer vacilar e de enfraquecer o modo de produção dominante da realidade. Por um caminho ou por outro, trata-se de trabalhar para nos descolarmos da realidade ao redor, tanto interiormente, o que está longe de ser simples, quanto praticamente, na medida do possível. Pela crítica, a lama espessa que cola nos nossos sapatos pode voltar a ser poeira, cair por si mesma e cessar de nos paralisar...

Outros possíveis já começaram a tomar forma, e é no solo dessas experiências concretas e de sua criatividade que convém enraizar a reflexão. Assim, nos apoiaremos, no capítulo 2, na análise da construção de uma autonomia rebelde nos territórios zapatistas de Chiapas, a qual proporemos considerar, apesar de sua modéstia aparente, como uma das mais notáveis "utopias reais" implementadas atualmente no mundo.[6] Sem ter de forma alguma vocação para se converter em modelo, essa experiência de autogoverno, amadurecida e aprofundada ao longo de mais de uma década, pode constituir uma fonte de inspiração para pensar uma forma política não estatal, fundada na desespecialização e na reapropriação coletiva da capacidade para participar das tomadas de decisão.

[6] Referimo-nos aqui à expressão proposta por Erik Olin Wright, mesmo se não partilharmos do conjunto de suas visões, notadamente a maneira como ele concebe uma organização alternativa (socialista) ou ainda a possibilidade de formas utópicas se desenvolverem no seio do capitalismo e em simbiose com ele (ver, em francês, "En quête d'une boussole pour l'émancipation. Vers une alternative socialiste", <www.contretemps.eu/interventions/en-quête-dune-boussole-émancipation-vers-alternative-socialiste-0>, e Vincent Farnea et Laurent Jeanpierre, "Des utopies possibles aux utopies réelles. Entretien avec Erik Olin Wright", *Tracés*, "Réalité(s) du possible dans les sciences humaines et sociales", n. 24, 2013, p. 231-243).

Será preciso, em seguida, no capítulo 3, aventurar-se mais longe e explorar as potencialidades humanas e civilizacionais às quais se abriria uma sociedade liberada da tirania da economia capitalista e de sua engrenagem produtivista-destrutiva: tratar-se-á principalmente de pensar uma organização social capaz de submeter as necessidades produtivas ao princípio do Bem Viver para todos e às decisões coletivamente assumidas que se seguem. Enfim, considerando que não haveria como existir uma via única para sair do capitalismo, será necessário, no capítulo 4, colocar em diálogo os anticapitalistas do Norte e do Sul.[7] Com efeito, muitas críticas conduzidas no Norte permanecem fechadas demais nas categorias ocidentais e na análise das realidades específicas de um universo investido de uma posição nevrálgica, mas que, todavia, é cada vez mais relativo na escala da população mundial. Quanto àquelas que se elaboram no Sul, elas deslizam por vezes da crítica da dominação colonial-capitalista para a denúncia de um Ocidente substancializado. Tais posturas bem poderiam fazer surgir novas falhas no seio das dinâmicas anticapitalistas. É, pois, indispensável criar as condições de uma verdadeira interculturalidade que não repousaria nem sobre as sobras do ocidentocentrismo, nem sobre a (de)negação do Ocidente.

É preciso, entretanto, começar, no primeiro capítulo, pela crítica do existente. Esta pode ser encaminhada sobre diversos registros.[8] Assim, podemos tentar fazer aparecer as contradições internas do capitalismo e mostrar os limites objetivos contra os quais ele tende a colidir. Esse tipo de crítica se beneficiou de um novo ganho de credibilidade por conta da crise econômica e financeira aberta em 2008. É evidente que a crise desvela as graves disfunções de um sistema que se vangloria habitualmente de sua eficácia.

---

[7] Admitiremos prontamente que a oposição do Norte e do Sul perdeu sua nitidez e precisa ser repensada.
[8] Sobre os registros da crítica e das diferentes maneiras de afrontar a constituição da realidade, ver Luc Boltanski, *De la critique. Précis de sociologie de l'émancipation*. Gallimard: Paris, 2009.

Ao mesmo tempo, a crise ecológica aponta limites geológicos e ambientais inegáveis. Essa forma de crítica geralmente é creditada a uma maior objetividade, na medida em que se inscreve na ordem dos fatos mais do que naquela dos julgamentos de valor. Entretanto, o aparente rigor reivindicado por esse tipo de crítica não deixa de ter algumas armadilhas. Ela esteve, no passado, estreitamente associada ao caráter inelutável do desmoronamento do capitalismo, o qual, cada um sabe, cavava por si mesmo sua tumba e armava os braços de seus próprios coveiros... A vocação "suicida" do capitalismo, a demonstração "científica" de seu fim programado, ou mesmo a inscrição desse fim no registro das leis da História viriam assim validar a postura crítica. Contudo, há um século e meio, tais profecias, fundadas na exacerbação das contradições internas do capitalismo, não cessaram de ser desmentidas, pois, ao longo das crises e das guerras que balizaram seu percurso, este conseguiu dar vida a novas configurações nas quais as contradições das formas anteriores podiam ser ultrapassadas, ao menos em parte, sem conduzir à superação do próprio sistema capitalista. Sua temível plasticidade e sua espantosa capacidade para transformar em mercadorias até elementos que o contestam ou o colocam em dificuldade (incluindo os limiares ecológicos) permitem vislumbrar que lhe seja possível contornar os limites que fazem estrebuchar o modo de produção atual. Não há sombra de dúvidas que o custo humano e ambiental deva ser constantemente mais alto, mas isso não é suficiente para recolocar em questão a capacidade de reprodução do capitalismo *apesar de tudo*. Assim, mesmo que a crítica do capitalismo, fundada na identificação de suas contradições internas, seja completamente necessária, ela pode também revelar-se enganosa quando afirma jogar com um efeito de seriedade e se impor pela sua aparente objetividade.[9]

---

9 Na verdade, a distinção seguinte se impõe: uma coisa é analisar as contradições internas do capitalismo a fim de comprovar a compreensão de suas

Em todo caso, essa crítica não pode bastar por si mesma. Mesmo que deva tirar proveito da revelação das disfunções do sistema e das dificuldades crescentes de sua reprodução, a crítica anticapitalista do capitalismo[10] repousa também sobre um julgamento ético. O que a funda é a injustiça de um sistema que reparte os recursos materiais e imateriais de maneira fortemente assimétrica, esforçando-se ao mesmo tempo para ocultar a desigualdade social sob o véu da igualdade formal ou de minorá-la graças ao mito (um pouco desgastado) do elevador social. Mas, se a injustiça é sofrida antes de tudo por aqueles que ocupam as posições menos favorecidas, outros desafios, cada vez mais prementes, concernem uma parte crescente da humanidade. O que aparece então em primeiro plano é o caráter *destruidor* do capitalismo. A incerteza quanto às condições de sobrevivência da espécie humana,[11] devido aos graus de predação e de degradação ecológica atingidos, está em vias de se tornar um dos recursos mais potentes da crítica anticapitalista, como será sublinhado no capítulo 5. Ela deveria poder mobilizar a seu favor o instinto de sobrevivência da humanidade, com a condição, no entanto, de ser capaz de argumentar que não há saída para essa espiral destrutiva dentro do próprio capitalismo.

Mas o capitalismo não destrói somente a biosfera. Já faz um certo tempo que Félix Guattari identificou os três campos nos quais a intensificação da dominação capitalista produz seus efeitos devastadores: destruição do meio ambiente, destruição dos laços sociais (em benefício de uma atomização individual) e destruição das subjetividades (degradação da experiência, recrudescimento das patologias psíquicas, sentimento de despossessão e sensação de

---

dinâmicas e estar mais apto a esboçar as condições de sua eventual superação; uma outra é declinar essas contradições em termos de limites absolutos, condenando o capitalismo a um fim inelutável (e anunciado em um prazo mais ou menos breve).

10 Essa aparente tautologia é de fato necessária para se diferenciar do *capitulismo.*
11 Ver, por exemplo, Yves Paccalet, *L'Humanité disparaîtra, bon débarras!*, Arthaud, Paris, 2006.

um "imenso vazio na subjetividade").[12] Ele nos convidou a entender as relações entre três aspectos: devastação da natureza, destruição no âmbito social e colapso no íntimo, no coração do sentimento de si. Por conseguinte, mesmo para além do sobressalto possível de uma humanidade que se recusa a produzir as condições de sua autodestruição, é o próprio sentido do humano que se encontra mobilizado contra a expansão sem limite das relações mercantis e seus efeitos mórbidos, contra a sensação de despossessão que, sob múltiplas formas, se imiscui por toda parte. Da lacuna que se tornou tão óbvia entre o que engendra a lógica da mercadoria e as necessidades humanas elementares nasce igualmente um sentimento de *absurdidade*, marca de um sistema que produz para a destruição e cujas promessas de crescimento e de bem-estar tendem a um crescimento do mal-estar e da desumanização. É mais do que provável que a generalização do princípio do *valor* (que faz do dinheiro o equivalente geral e a medida de tudo) e sua extensão ao conjunto dos territórios do humano e da natureza (onde essa medida parece inconveniente, senão insustentável) estejam na base desse sentimento de absurdo.

É preciso continuar a reproduzir uma separação entre a denúncia ética do capitalismo e uma crítica racional, exibindo os sinais de seu rigor e ostentando os indícios de sua competência? Não haveria alguma vantagem em admitir que os dois procedimentos podem se entrelaçar e fruir de sua complementaridade? A dissociação entre a parte racional e a parte emocional da pessoa não funciona mais. No lugar de serem pensadas como exclusivas, elas deveriam se reunir e se nutrir. É por isso que, se as análises propostas aqui se esforçam para ser tão argumentadas quanto possível, admitir-se-á que elas se enraízam na recusa de um sistema

---

[12] Félix Guattari, *Les Trois Écologies*, Galilée, Paris, 1989, no qual – para retornar ao ponto evocado no parágrafo precedente – ele afirma também: "É preciso, uma vez mais, invocar a História? Ao menos para o risco de não haver mais história humana sem uma radical retomada da humanidade por ela mesma" (p. 71). [Em português: *As três ecologias*, Papyrus, 1990].

de exploração, de opressão, de despossessão e de desumanização. O que dá sentido à crítica, tal como a entendemos neste livro, é antes um grito, como o "¡Ya Basta!" dos insurrectos zapatistas.[13]

NÃO SALVEMOS O CAPITALISMO, SALVEMO-NOS DELE! *Na Colômbia, jovens iludidos com a promessa de um trabalho são conduzidos para longe de suas casas e depois abandonados no meio do nada, onde são abatidos como coelhos por militares que, inscrevendo essas mortes no seu ranking, garantem uma boa avaliação e vantagens materiais correspondentes.*[14]
Na Itália, os sindicatos obrigam os trabalhadores da indústria automotiva a aceitarem suas demissões para em seguida assinarem novos contratos prevendo salários inferiores e benefícios reduzidos.

No Japão, um quarto das secundaristas se prostitui para comprar maquiagem e roupas da moda. Na França, estudantes são agredidos por outros que querem seus MP3 ou seus calçados de marca.

No México, mais de um terço das crianças sofrem de obesidade, mas os parlamentares repudiam uma lei visando limitar a publicidade de produtos alimentares industrializados (difundidos nos principais canais em um ritmo frenético de programação infantil).

No mundo todo, camponeses, vítimas da propagação de pólen transgênico que contamina suas próprias sementes, são obrigados a pagar multas aos gigantes agroalimentares ou são presos por usarem produtos sob patente quando queriam, na verdade, se proteger deles. Por toda parte, as companhias aéreas calculam

---

[13] Nem todos os aspectos que implicam na realização dessa sociedade poderão ser abordados neste livro. Apesar de estritamente essenciais, as questões relativas à abolição das formas de dominação e de divisão ilegal das tarefas entre homens e mulheres e, mais amplamente, ao status da distinção de gênero são deixadas em aberto às reflexões conduzidas por outros autores. Cada um e cada uma pode se referir, dentre os inúmeros autores e as inúmeras autoras, àqueles ou àquelas a quem ele ou ela se sente mais próximo ou próxima.

[14] Como essa prática, dita dos "falsos positivos", foi revelada publicamente, o presidente Álvaro Uribe foi obrigado a destituir, em 29 de outubro de 2008, três generais e vinte e quatro outros oficiais.

a melhor relação entre as despesas de manutenção dos aviões e o custo dos acidentes, sabendo que a baixa dos primeiros aumenta a probabilidade desses últimos, de modo que as vidas humanas se tornam um simples parâmetro econômico.

A amostragem das aberrações que proliferam na geografia do mundo atual poderia continuar quase sem fim. A cada vez, uma mesma lógica: aquela do dinheiro, e o imperativo do lucro que supera as mais elementares exigências de saúde, de vida e de preservação dos equilíbrios ecológicos. Mas o mais grave é que essas normas se difundem no corpo social indo até as subjetividades individuais. Nós medimos o que somos de acordo com o que temos. Sacrificamo-nos ao culto das aparências e à obsessão da performance. Em toda parte, dos exércitos colombianos às universidades e aos hospitais europeus, devem reinar os mesmos critérios e os mesmos comportamentos que nas empresas e nos supermercados: quantificação, eficácia, rentabilidade, avaliação dos resultados. A lógica mercantil aprofunda a cada dia um pouco mais a amplitude do desastre. E os exemplos mencionados há pouco não são nada comparados com a catástrofe ecológica que o produtivismo capitalista desencadeou e que, prevalecendo a exigência do lucro a curto prazo, ele não terá como impedir.

Como a própria existência da espécie humana está em perigo, o desafio ecológico obriga a reconfigurar todas as nossas análises. Se nós não nos livrarmos do capitalismo, é ele que nos destruirá. É, pois, urgente alargar o "nós" de todos aqueles que estão dispostos a partilhar esse "não" ao capitalismo. Clamar e assumir a recusa de uma sociedade baseada na mercadoria, que rouba nossas vidas e faz de nós despossuídos: despossuídos de nosso trabalho, de nosso tempo, de nossa criatividade, de nossa humanidade, de nossa capacidade de partilhar, de nossa dignidade. Uma sociedade na qual mesmo aqueles que acreditam salvar a própria pele podem perder tudo no jogo louco de roleta no qual se multiplicam egocentrismos agressivos, solidões depressivas e falsos desejos viciantes, ausência de comunidade e vacuidade no fundo do ser.

Nós não estamos mais dispostos a sacrificar pela divindade Mercadoria, nem a confiar o controle de nossas existências aos grandes sacerdotes da Lei do dinheiro. Nós não estamos mais dispostos a engolir nossa cólera, a nos submetermos ao inaceitável em nome de um realismo que se tornou criminoso, nem a conjugar lucidez crítica e resignação prática. Uma cólera digna ruge. Ela diz não ao capitalismo e sim a outros mundos possíveis. Ela sabe que a luta contra o capitalismo é a luta pela humanidade.

CAPÍTULO I
O CAPITALISMO, SISTEMA HUMANICIDA

Nós entramos em um terreno desconhecido.

Relatório do FMI, janeiro de 2009.

QUAL AMPLITUDE E QUAL SENTIDO atribuir à sequência aberta no verão de 2007 e tornada explosiva um ano mais tarde?[15] Dir-se-á que ela abalou a legitimidade do capitalismo e sua capacidade em apresentar-se como um sistema estável e durável? Ou que esses episódios não trouxeram nada de fundamentalmente novo, uma vez que o neoliberalismo nos habituou a viver em uma atmosfera de crise permanente? Sabe-se, com efeito, que a crise se tornou, desde muitas décadas, o instrumento privilegiado de uma "estratégia do choque" que justifica todas as reformas em nome de um esforço indispensável para superar uma situação apresentada como crítica.[16] Em suma, o neoliberalismo aparece como um *estado de crise*, alimentado pela volta ao mundo dos *crashes* financeiros e instrumentalizado para os fins de um governo pelo medo. Portanto, a crise aberta em 2007-2008 não poderia ser sustentada por um simples artifício das técnicas de governança neoliberais, nem tratada como antes sob o modo das desordens na bolsa. Seu alcance é inédito (desde 1929-1933) e ela foi qualificada, de maneira acertada, como a *primeira crise global do mundo globalizado*. Diferentemente das crises regionais e das "bolhas" com estouros periódicos, ela tinha desta vez por epicentro a principal economia mundial e o coração dos mercados financeiros planetários.

---

15 A sequência é conhecida: crise dos *subprimes* (agosto de 2007), falência do Lehman Brothers (setembro de 2008) seguida por outras instituições bancárias, calamidade na bolsa, consumo massivo de ativos, recessão mundial, destruição de milhões de empregos e aumento da pobreza. O balanço da crise em termos de emprego (30 milhões de empregos perdidos) foi elaborado pelo Fundo Monetário Internacional (FMI) no seu boletim de setembro de 2010. A economia mundial recuou 0,5% em 2009 (aquela dos países desenvolvidos, 3,25%), enquanto a contração do comércio mundial atingiu 12% (FMI, relatório anual de 2010).

16 Naomi Klein, *La Stratégie du choc. La montée d'un capitalisme du désastre*, Actes Sud, Arles, 2008 [Em português: *A doutrina do choque: a ascensão do capitalismo do desastre*, Nova Fronteira, São Paulo, 2008]. Mesmo a crise ecológica é transmutada pelo catastrofismo oficial em motivo para uma governança reforçada, exercida em nome dos imperativos do vivente; ver René Riesel et Jaime Semprun, *Catastrophisme, administration du désastre et soumission durable*. Éditions de l'Encyclopédie des Nuisances, Paris, 2008.

UMA CRISE, SIM, MAS DE QUÊ?

Em 2010, a retomada do crescimento e a recuperação das bolsas fizeram prevalecer o sentimento de um retorno à normalidade e enviaram o "grande medo de outubro de 2008" para um passado já distante.[17] É verdade que a reação dos Estados, rápida e massiva, permitiu corrigir, graças a bilhões de dólares e de euros, a cadeia de falências que se anunciava na finança e na indústria.[18] Mas essas intervenções, acarretando uma acentuação dos déficits e uma disparada do endividamento, só fizeram com que se abrisse um novo ciclo de dificuldades econômicas e de tensões sociais cuja crise grega foi, até o momento, a manifestação mais aguda.[19] Reforçando ao mesmo tempo e ainda mais a submissão dos Estados, de joelhos diante dos grandes investidores financeiros e suspensos pelos oráculos das agências de classificação, a fuga provisória da crise só fez intensificar as contradições ligadas à expansão do crédito, que estavam, em grande parte, na origem da própria crise. Junta-se a isso, a partir de então, o círculo vicioso entre o superendividamento que impõe políticas de austeridade e o fato

---

17 A expressão é de Anselm Jappe, que analisa as dimensões da crise e seu aprofundamento sob o efeito da expansão do crédito (*Crédit à mort. La décomposition du capitalisme et ses critiques*, Lignes, Paris, 2011 [Em português: *Crédito à morte: a decomposição do capitalismo e suas críticas*, Hedra, São Paulo, 2013]).

18 A rápida intervenção dos Estados freou um processo que parecia em vias de conduzir a uma recessão de uma intensidade comparável àquela de 1929-1930. O salvamento de Freddie Mac e de Fanny Mae, da AIG, depois o da General Motors e Chrysler, foram decisivos. Dotados de 700 bilhões de dólares, o Plano Paulson de setembro de 2008 foi seguido notadamente pelos planos britânico (380 bilhões de euros), alemão (480 bilhões) e francês (360 bilhões).

19 O relatório de 2010 do FMI estimou que a razão média entre a dívida e o PIB dos países desenvolvidos ultrapassaria 100% em 2014, ou seja, 35% a mais do que antes da crise (a própria dívida aumentou em 50% nos Estados Unidos entre 2005 e 2010, em 84% no México e em 40% na França). Mas não é senão a acentuação de uma característica própria à fase neoliberal: na França, por exemplo, a dívida pública representava apenas 20% do PIB em 1980, para galgar até 64% em 2007 e 86% em 2011. Sobre a crise do endividamento, ver François Chesnais, *Les Dettes illégitimes. Quand les banques font main basse sur les politiques publiques*, Raisons d'Agir, Paris, 2011.

de que estas últimas restringem a capacidade de consumo e acentuam as tendências recessivas. Não é, pois, surpreendente que as perspectivas da economia se limitem a um crescimento fraco e frágil, sem excluir a recessão em certas zonas centrais do sistema-mundo,[20] e para não mencionar – posto que os mesmos processos de superinvestimento levam aos mesmos efeitos – as ameaças de estouro das próximas "bolhas" (a imobiliária na China poderia se provar de uma abrangência mais considerável ainda do que a que desencadeou a crise dos *subprimes* em 2007).

Os desequilíbrios sobre os quais repousava o desenvolvimento anterior da economia mundial começaram assim a aparecer à luz do dia. A crise revelou a amplitude das práticas financeiras ocultas e mostrou a fragilidade do andaime grotesco do crédito que tinha permitido, ao custo de uma corrida enlouquecida, manter a demanda dos lares europeus e norte-americanos a fim de sustentar o crescimento mundial. De maneira mais geral, ela parece indicar o limite do regime de crescimento neoliberal, repousando sobre uma contradição de salários e um forte endividamento público e privado, sem que se veja nenhuma opção para sair ou escapar de uma situação crônica de superacumulação.[21] Mesmo que uma relativa recuperação com relação a 2008-2009 tenha conduzido a que se recolhesse bem rapidamente as mais severas advertências da crise ao vestiário das boas intenções, aquela não abalou menos a confiança absoluta nos efeitos benéficos da desregulação financeira e marcou um primeiro colapso do otimismo convencional que regia até então o funcionamento dos mercados. Os acontecimentos atuais desenham os traços de uma "crise muito grande",[22] sem implicar, por sua vez, que ela conduza necessariamente ao desmoronamento do capitalismo.

---

[20] Segundo o Banco Central Europeu (BCE, setembro de 2013), o PIB da zona do euro se contraiu em 0,5% em 2012 e deveria sofrer uma baixa de 0,4% em 2013.
[21] François Chesnais, "Aux racines de la crise économique", *Carré rouge*, n. 46, dezembro de 2011, www.carre-rouge.org/spip.php?article440.
[22] François Chesnais, *Les dettes illégitimes*, op. cit.

Nada em tudo isso significa que nós entramos na sequência de uma crise final do capitalismo. Nos últimos vinte anos, Immanuel Wallerstein sustenta a tese de uma fase terminal do sistema capitalista, de um momento de bifurcação sistemática que engendra caos e incerteza, e no qual a ação humana reencontra uma capacidade de influenciar o porvir histórico que ela não possui nos períodos de maior estabilidade.[23] Suas teses favorecem uma interpretação que tende a fazer dos sobressaltos atuais as manifestações dessa crise final do capitalismo. No entanto, habituado às análises inscritas na longa duração, Immanuel Wallerstein tem a prudência de indicar que a fase terminal poderia se prolongar até por volta de 2040-2050. Isso deixaria, portanto, o espaço livre para um novo ciclo de expansão capitalista, de modo que o sentido que reveste para ele a noção de fase final do capitalismo está bastante distante da compreensão espontânea à qual essa expressão por vezes se presta. Assumindo a imprevisibilidade dos processos históricos, Immanuel Wallerstein conjuga de certo modo a possibilidade de perturbações quase imediatas e aquela de sua protelação na indeterminação do médio prazo.

Afastando a certeza de já estarmos no tempo do fim, preferiremos manter a ideia de que a crise agita a questão dos destinos do capitalismo, mas sem a menor garantia quanto às respostas que resultarão da combinação das dinâmicas sistêmicas e dos modos de engajamento e de luta de uns e outros. Em todo caso, importa reconhecer a plasticidade do capitalismo que, desde 1848, frustra todos os prognósticos relativos ao seu fim inelutável. Sua capacidade de se transformar, de neutralizar as suas próprias disfunções e de se reorganizar não poderia ser subestimada, embora também possamos admitir que ela se choca cada vez mais com contradições e limites cada vez mais árduos de superar, principalmente pela dificuldade de reinvestir capitais cujo volume cresce

---

[23] Ver Immanuel Wallerstein, *Comprendre le monde. Introduction à l'analyse des systèmes-monde,* La Découverte, Paris, 2006.

exponencialmente e estende a esfera do valor o suficiente para alcançar lucros substanciais.²⁴ Certamente, o relançamento da produção-para-o-lucro parece ainda concebível, mas ao preço de tensões e de problemas cuja escala não cessa de crescer. Não se poderia afirmar sem perigo que o capitalismo se choca contra um limite absoluto, mas é sem dúvida razoável considerar que a crise aberta em 2007-2008 revela os obstáculos cada vez mais massivos que a dinâmica do capitalismo deve superar ou contornar para continuar a se perpetuar. O conjunto das contradições já sublinhadas (espiral do endividamento e do crédito, crescimento exponencial dos capitais a serem reinvestidos, restrição tendencial do trabalho vivo necessário, caráter limitado dos recursos naturais fósseis, consequências da degradação dos ecossistemas e da mudança climática) parece condenar a reprodução do capital a adquirir um caráter cada vez mais *tensivo*, no seio de um dispositivo de conjunto mais e mais complexo e portador de pesadas restrições. É no coração de tais tensões que a insubordinação suscitada pelos custos humanos e ecológicos da reprodução de um tal sistema vem a se alojar.

Desde as primeiras etapas da crise, era possível observar certas reorganizações, o que permite pensar que esses processos já estavam engajados anteriormente. O traço mais marcante dessas reconfigurações é o declínio da hegemonia absoluta dos Estados

---

24 David Harvey sublinhou claramente os efeitos da mudança de escala da economia mundial (PIB multiplicado por dez entre 1995 e 2000): isso significa que as quantidades de capital que devem ser investidas a cada ano aumentam exponencialmente e atingem níveis tais que é cada vez mais difícil encontrar novos campos de extração de lucro potencial (David Harvey, *Géographie de la Domination,* Les Prairies Ordinaires, Paris, 2008, bem como "Is this really the end of neoliberalism?", março de 2009, <www.counterpunch.org/2009/03/13/is-this-really-the-end-of-neoliberalism/>). É a razão pela qual as dificuldades atuais do sistema capitalista podem ser caracterizadas como uma crise prolongada de superacumulação e é, sem dúvida, por isso que a busca por ocasiões de investimento para os capitais em quantidade sem fim mais desmedida confere ao crescimento capitalista um aspecto cada vez mais irracional, contrário às necessidades humanas e ecológicas, e para dizer tudo, tendencialmente absurdo.

Unidos, que o fracasso da restauração *bushiana* do imperialismo unilateral acelerou. Mesmo que seja necessário ter cuidado ao "vender a pele do tigre de papel antes da hora"[25] – o qual conserva bons músculos de aço –, o *status* da nota verde como divisa de referência parece fortemente abalado.[26] E se as potências do G8 tiveram que integrar os grandes países emergentes na pilotagem da (in)governabilidade econômica mundial, não é pelo efeito de um *mea culpa* pós-colonial, mas porque elas precisaram da sua cooperação, notadamente da China, da Índia e do Brasil. Da mesma maneira, se os fanáticos do livre mercado tiveram que "colocar um pouco de água no vinho"[27] antiestatal, não é por conta de uma repentina conversão "socialista", mas porque eles sabem perfeitamente que, como nos dias seguintes de 1929, só o Estado pode salvar o capitalismo e abrir novos *fronts* aos apetites por lucro. Não há razões para se espantar (desde as origens do liberalismo, o Estado cumpre o ofício de fiador do mercado supostamente livre), nem para se indispor: salvar os bancos com centenas de bilhões de dólares ou de euros (tomados dos orçamentos públicos) advém da lógica estrita de um sistema cuja amoralidade é uma característica intrínseca. O que não impede que tais benesses possam mudar a situação: revelando, com uma absoluta clareza, o papel central desempenhado pelo Estado na reprodução da economia capitalista,

---

25 N.T.: O autor se serve de dois ditados populares na França, o primeiro, "*vendre la peau de l'ours (avant de l'avoir tué)*", traduz-se literalmente como "vender a pele do urso (antes de tê-lo matado)" e significa, muito simplesmente, "comemorar antes da hora"; o segundo ditado, ou expressão, "tigre de papier", ou seja, "tigre de papel", traduz de modo literal a expressão chinesa "ZHĪ LǍOHŬ" (紙老虎) utilizada para designar algo aparentemente ameaçador, mas inofensivo na realidade. Mao Tsé-Tung a tornou famosa usando-a para se referir a Chiang Kai-shek e aos Estados Unidos, e desde então a expressão tornou-se muito popular na França.

26 O declínio acentuado da hegemonia dos Estados Unidos não significa evidentemente seu desaparecimento imediato; ver Immanuel Wallerstein, *Sortir du monde états-unien*, Liana Levi, Paris, 2004 [Em português: *O declínio do poder americano*, Contraponto, São Paulo, 2004].

27 N.T.: Tradução literal da expressão francesa "*mettre de l'eau dans son vin*", que significa se acalmar, comportar-se de modo mais moderado, "baixar a bola", como diríamos no Brasil.

põe-se em dúvida o discurso neoliberal que pretende deslegitimá-lo e torna mais difícil justificar a penúria orçamentária que, sem cessar, é colocada em oposição às demandas sociais. Mesmo no contexto de uma democracia de mercado franzina, o oceano do cinismo não pode se libertar (mas quem sabe?) sem conceder ao Grande Senhorio de fundos um mínimo de credibilidade. É por isso que, no outono[28] de 2008, o discurso neoliberal passou do *status* de pensamento único triunfante para a mais completa derrota (sem que isso conduza a uma verdadeira inflexão das práticas).[29] Para dizer a verdade, o esgotamento do primeiro ciclo neoliberal já havia sido sancionado pelo descrédito do Consenso de Washington, tornado evidente durante a crise argentina de 2001, depois na ocasião dos fracassos repetidos da Organização Mundial do Comércio (OMC), notadamente em Cancún em 2003.

Evocaremos então uma transição em direção a uma fase nova, para além das três décadas do neoliberalismo triunfante, para além também de meio século de hegemonia absoluta dos Estados Unidos? Uma nova configuração não seria desvantajosa para o exercício da dominação sistêmica? Do ponto de vista dos movimentos antissistêmicos, pelo contrário, uma relegitimação dos Estados, mesmo que muito parcial, poderia desarmar as críticas que o neoliberalismo havia começado a suscitar e, assim, desfazer as convergências transnacionais tecidas em favor das mobilizações altermundialistas. O perigo é que a multipolaridade global e a nova estatura das potências emergentes desarmem uma crítica anti-imperialista ou pós-colonial que poderia muito bem se identificar com os interesses nacionais-capitalistas dos novos gigantes do Sul.

---

[28] N.T.: No hemisfério norte o outono corresponde ao período entre os meses de março e junho.

[29] Um símbolo dessa "derrota": Alan Greenspan, presidente da Reserva Federal de 1987 a 2006, afirmava, no outono de 2008, que a política monetária à qual seu nome estava ligado repousava sobre uma falha (*"a flaw"*) e sublinhava a *"intellectual failure"* [falência intelectual] das concepções fundadas sobre a autorregulação dos mercados.

Mas trata-se verdadeiramente do fim do neoliberalismo? Talvez em parte, se entendermos isso como modelo de política dominante desde os anos 1980, caracterizado pela desregulação financeira, a liberação dos fluxos de capitais, as privatizações, a contração das despesas públicas (fora o serviço da dívida) e uma redefinição restritiva do papel do Estado. Digamos ao menos que a morte do Consenso de Washington, proclamada pelo próprio Banco Mundial no seu relatório de 2007, e a derrota ideológica do neoliberalismo em sua versão anos 1990, recrudescida pela crise, obrigariam a vender seus objetivos essenciais com uma outra embalagem. Mas o caso é mais complexo. Os discursos anunciando o fim do neoliberalismo se misturam ao aparente retorno glorioso do keynesianismo. No grande leilão dos "ismos", não se recua diante de nenhum sacrifício, já que é pelo nome de "socialismo" que os meios de comunicação se empenham em qualificar a operação massiva de socialização das perdas das empresas. E, nos Estados Unidos, bastou para se apropriarem da etiqueta de rooseveltismo acrescentar uma retomada pelo investimento, uma pitada de apoio aos lares e um apelo à confiança indexado sobre a função relegitimadora atribuída a um presidente de ascendência africana. Mas há espaço para um keynesianismo mais consequente?

Alguns pensam que uma esquerda digna desse nome poderia, sob efeito de uma lucidez política que erra cruelmente, e graças à relação de forças que ela contribuiria a criar, fazer de novo do Estado um instrumento de pressão sobre a esfera da economia e do lucro, ou ao menos de delimitação dessas esferas. É no nível europeu, por exemplo, que seria possível restaurar e estender verdadeiros serviços públicos, impor a defesa do aparelho produtivo e do emprego, o que implicaria seguramente o retorno a um protecionismo severo. Os apoiadores dessa postura neokeynesiana supõem que o Estado (nacional ou supranacional) pode ser uma ferramenta eficaz para controlar o capitalismo e administrar, ao lado da esfera mercantil, um domínio onde prevaleceriam o interesse coletivo e formas de vida social preservadas das lógicas de lucro. Tal posição tem sustentado a maioria das críticas ao neoliberalismo e tem estado amplamente presente nos movimentos antiglobalização. Ela pode, sem dúvida, tirar proveito do fato de que, face à crise, o sistema capitalista se vê obrigado a fazer reajustes, indo no sentido inverso das tendências das décadas anteriores. Uma palavra mágica (regulação) esconde uma outra (desregulação), e implementa-se lentamente à publicização de algumas medidas visando atenuar a opacidade do funcionamento dos fundos especulativos e das instituições bancárias em geral, submeter os paraísos fiscais a um mínimo de controle, sem falar no apoio a investimentos tingidos de verde claro. Mas seriam apenas inflexões restritas, senão marginais, e o sabor keynesiano emprestado para a saída da crise tem todas as características de um fingimento.[30]

RUPTURAS HISTÓRICAS DO NEOLIBERALISMO

Para tentar ver com um pouco mais de clareza, a reflexão sobre as particularidades dos últimos trinta anos deve ser inscrita em uma perspectiva mais ampla. Com efeito, as décadas neoliberais não se opõem somente ao compromisso keynesiano-fordista dos Trinta Gloriosos, mas constituem também uma ruptura mais profunda, ganhando sentido em uma história longa do capitalismo.

Enquanto sistema global, o capitalismo se constitui entre meados do século XVIII e as primeiras décadas do século XIX. Ele recompõe práticas produtivas e formas sociais que, em parte, existiam anteriormente, mas agenciando-as de maneira radicalmente nova no seio de um modo de produção dominado pela

---

[30] O prognóstico de um capitalismo burocrático e ecológico, garantindo a retomada por meio da ecocompatibilidade (René Riesel e Jaime Semprún, *Catastrophisme, op. cit.*), volta a vislumbrar um neokeynesianismo verde. Sem dúvida é uma das raras opções suscetíveis de oferecer ao capitalismo um campo de investimentos à altura das dificuldades do movimento, mas podemos duvidar que ele tenha os meios de colocá-la em ação.

fábrica, pela separação entre produtores e meios de produção, pela constituição de um mercado de trabalho e pela extensão do salariado. A economia emerge então como esfera autônoma e dominante, levada a funcionar segundo a sua própria lógica, ao mesmo tempo em que se afirma a noção mesma de economia, no sentido atual do termo. Impõe-se igualmente uma nova representação do homem, movido pela busca do ganho e agindo para satisfazer seus desejos: pela primeira vez na História, a sociedade faz do interesse pessoal seu valor cardeal. Portanto, mesmo que desempenhe um papel maior, a economia, enquanto esfera de produção das riquezas permitindo apaziguar a insatisfação postulada dos humanos, não estende sua lei ao conjunto da sociedade. Para Adam Smith, trata-se de articular o interesse (na ordem econômica) e a simpatia (na ordem moral), de maneira que o Estado tenha um papel a desempenhar, discreto, mas decisivo, não somente para garantir as condições de funcionamento do livre mercado, mas também para garantir o respeito das regras de civilidade e o progresso dos hábitos. Ao longo de todo o século XIX, outras esferas – muito particularmente o Estado e as instituições que lhe são ligadas, como a escola e o exército – mantêm, ou até mesmo reforçam, seu funcionamento parcialmente autônomo, fundado sobre normas e princípios próprios, mesmo se está claro que essas instituições contribuem para a boa marcha do capitalismo. Esses valores próprios são em primeiro lugar aqueles das diversas mitologias nacionais, que se elaboram neste momento e que a escola inculca nos futuros cidadãos. À medida que o capitalismo se desenvolve no quadro dos Estados e sobre a base dos mercados nacionais, não é demasiado aventuroso sustentar que a forma Estado-nação e sua ideologia contribuíram para o funcionamento da economia capitalista (a unificação do mercado nacional sendo confortada pelo sentimento de pertencimento patriótico podendo ir até o sacrifício de si). Ao mesmo tempo, a escola republicana pôde ser o terreno de afirmação de valores tais como o respeito ao saber, o interesse geral e o devotamento ao bem comum, que podiam ganhar uma coloração claramente socialista. Assim, durante o essencial de seu percurso histórico e não importando que possamos defini-lo como a primeira sociedade da economia, o capitalismo inclinou o funcionamento desta última aos dispositivos institucionais fora da economia, dotados de um caráter disciplinar e hierárquico pronunciado. É sem dúvida a razão da ambiguidade fundadora do liberalismo que, segundo as dosagens variáveis em função das conjunturas e do jogo dos afrontamentos ideológicos, deve ao mesmo tempo conter a intervenção do Estado e admitir seu papel indispensável para estabelecer e preservar as condições da liberdade.

Um tal agenciamento funcionou, segundo diferentes configurações, até os anos 1970. Bascula-se então de um sistema capitalista apoiado sobre instituições disciplinares do Estado e sua ideologia de interesse geral, a um capitalismo fundado sobre a generalização das normas da economia. O "fora-do-mercado", que mantinha a esfera mercantil, se desagrega pouco a pouco e se abre para o vazio ético que qualificamos comumente de "crise dos valores". As instituições disciplinares perdem sua autonomia e seu ideal próprio, cuja manutenção é denunciada como um arcaísmo que clama por reforma. Dizer que se passa ao "mercado total" seria sem dúvida abusivo, mas o funcionamento articulado de esferas autônomas (economia, Estado, educação, ciência etc.) cede lugar a um sistema em que a impermeabilidade relativa desses campos deixa de ser valorizada. A imposição direta das exigências ligadas ao funcionamento econômico se acentua, sem que isso signifique que o papel do Estado seja negado, pois ele ainda se apresenta como fiador, em última instância, da solvabilidade financeira e deve até mesmo desempenhar um papel particularmente ativo para conformar a sociedade às normas requisitadas pela economia.[31]

---

[31] Como sublinha Maurizio Lazzarato (*Expérimentations politiques*, Amsterdam, Paris, 2009), o neoliberalismo não significa que o Estado desaparece

No geral, passamos por cima do capitalismo disciplinar dos Estados-nações, onde, apoiando-se mutuamente, as esferas da economia e do Estado respondiam a normas próprias e influenciavam de maneira diferenciada o campo social, a um capitalismo securitário mundializado, caracterizado por uma forma gerencial do Estado e por uma formatação cada vez mais generalizada das condutas sociais pela lógica da economia.

Se é de fato assim, a fase neoliberal não se opõe somente ao compromisso keynesiano-fordista que sustentou a decolagem dos Trinta Gloriosos. Ela rompe mais profundamente com o agenciamento que estruturava a sociedade capitalista desde a formação dos Estados-nações, ao longo do século XIX. É nessa perspectiva que convém se reapropriar das principais tendências observáveis ao longo das três ou quatro últimas décadas.

CONSTITUIÇÃO DO MERCADO MUNDIAL

A principal dessas evoluções é seguramente a constituição de um mercado mundial único. Em sua fase neoliberal, o capitalismo criou realmente um tal mercado, em direção ao qual ele tendia, mas que nunca havia existido antes.[32] Isso supôs a passagem de

---

diante dos ditames do mercado, mas que ele coloca suas técnicas de governamentalidade a serviço do mercado. O Estado desempenha de fato o papel decisivo na transformação neoliberal da relação entre o social e o econômico: enquanto o Estado-providência preservava uma certa autonomia do social, o Estado neoliberal é o agente da plena submissão da sociedade à economia. Esse livro é também uma leitura distanciada de *Naissance de la biopolitique* de Michel Foucault (Gallimard-Le Seuil, Paris, 2004) [Em português: *O nascimento da biopolítica*, Martins Fontes, São Paulo, 2008], do qual Maurizio Lazzarato retoma a distinção entre sociedade disciplinar e sociedade securitária.

[32] François Chesnais, *La Mondialisation du capital,* Styros, Paris, 2ª. édition, 1994 [em português: *A mundialização do capital,* Xamã, Rio de Janeiro, 1996] e "La crise climatique va se combiner avec la crise du capital", novembro de 2008, <www.alterinter.org/article2702.html>: A desregulamentação e a liberalização dos fluxos de capitais, bem como a integração direta do bloco soviético e da China à economia planetária, contribuíram para a realização efetiva do mercado mundial, que, para Marx, era apenas uma antecipação.

um sistema fundado nos mercados nacionais e em suas extensões imperiais para um mercado amplamente aberto em nível mundial, o que a ascensão das empresas multinacionais havia preparado desde os anos 1960. Mesmo que as formas diretas ou indiretas de protecionismo não tenham sido eliminadas inteiramente, as trocas comerciais mundiais foram multiplicadas, ao longo das três últimas décadas, a um ritmo claramente superior àquele do crescimento da produção, acarretando um grau inédito de abertura e de interdependência das economias nacionais. Fenômeno constante na história do capitalismo, o processo de apagamento dos obstáculos espaciais para a circulação das mercadorias se acelerou fortemente, provocando um salto de escala considerável na extensão do espaço econômico da concorrência. A implementação de um mercado mundial único dos capitais foi empurrada para mais longe ainda e a multiplicação dos fluxos financeiros foi espetacular. Enquanto se combinava com fortes restrições à circulação de pessoas (a fim de dispor de uma reserva de mão de obra ilegal e dócil), a constituição de um mercado mundial permitiu um amplo movimento de transferência do capital produtivo e de deslocalização das indústrias e dos serviços. Essa disposição concorrencial dos trabalhadores em escala mundial permitiu impor, no Sul, formas de hiperexploração indo por vezes até a quase servidão e, no Norte, uma severa degradação dos salários e das condições de trabalho, sob a ameaça das deslocalizações e do desemprego.

Conjugando-se com a mutação das formas de trabalho, cujas exigências de produtividade se comparam com a generalização de um estresse profissional patológico, senão mortífero, a constituição do mercado mundial único teve um efeito essencial, que constituía o maior desafio da reorganização neoliberal: a reconstituição das taxas de lucro, colocadas em uma má condição no fim do ciclo precedente pela pressão social, o regime de altos salários e o custo do Estado-providência. A concorrência mundial dos trabalhadores permitiu uma modificação muito eficaz da distribuição entre ganhos do trabalho e ganhos do capital, que resultou em uma vertiginosa acentuação das desigualdades sociais (nos Estados Unidos, a relação entre o salário dos principais dirigentes de empresas e o salário médio, que era de 1 para 40 em 1980, subiu a 1 para 300 em 2000).[33] Mas a ascensão do mercado mundial teve como consequências também uma competição intercapitalista acirrada, com a afirmação, no pelotão de cabeça das empresas transnacionais, do capital chinês, indiano, brasileiro e russo notadamente.

Uma outra consequência maior da formação do mercado mundial é a interdependência inédita das economias nacionais (e dos blocos supranacionais). Cada Estado ou grupo de Estados se encontra fortemente coagido pela lógica de conjunto de um sistema cada vez mais complexo que repousa sobre a circulação de fluxos mundiais, sobre a interconexão e a concorrência de todos contra todos. A interdependência entre as principais economias planetárias é bem ilustrada pela maneira como os Estados Unidos e a China "se apoiam" mutuamente: a China, pelo tamanho fenomenal de suas reservas de dólares, em cuja gestão o próprio *status* da divisa de referência permanece suspenso; os Estados Unidos, pelo fato de que permanecem sendo o mercado

---

[33] Nos países da OCDE, a parte da renda dos 20% mais ricos da população (quintil superior) aumentou fortemente; a do quintil inferior (os 20% mais pobres) permaneceu mais ou menos estável e a dos quintis medianos diminuiu, com mais ou menos força segundo os países (*Évolution des inégalités de revenus en France et dans les pays OCDE*, OCDE, 2005). Nos Estados Unidos, a parte do quintil superior subiu de 43,7% em 1973 para 50,4% em 2005 (aquela dos 5% mais ricos aumentando mais rapidamente ainda, de 16% para 22%) enquanto a parte do quintil inferior diminuía de 4,2% para 3,4%. As desigualdades aumentaram igualmente na maioria dos países latino-americanos e deram um salto recorde na China, onde o coeficiente de Gini (medida da relação entre as camadas da população e as partes da renda distribuídas) passou de 0,28, em 1981, para aproximadamente 0,45 em 2001 (Pierre Salama, *Le Défi des inégalités. Amérique latine/Asie: une comparaison économique*, La Découverte, Paris, 2006) [Em português: *O desafio das desigualdades. América Latina/Ásia: uma comparação econômica*, Perspectiva, São Paulo, 2011].

por excelência dos produtos "*made in China*". Até que se prove o contrário, eles precisam tanto um do outro que, apesar dos interesses divergentes que podem ocasionalmente aparecer no centro da cena, só lhes resta permanecer solidários, tanto no crescimento como na crise. Vê-se mal, em tais condições de interdependência, tornadas estruturais, como um país (ou grupo de países) poderia se subtrair das regras do jogo em vigor no conjunto do sistema mundial, sem sofrer as medidas de retaliação às quais essa postura o exporia inevitavelmente.

TIRANIAS E MUTAÇÕES DO TRABALHO

Tornou-se banal evocar a crise do trabalho, ou mesmo seu fim. No capitalismo, a fonte essencial do lucro é a exploração da força de trabalho. Ora, as pressões da concorrência obrigam a diminuir sem parar o tempo de trabalho incorporado em cada produto. A contradição pôde, antes, ser superada pela extensão dos mercados e a invenção de novos produtos. Mas, hoje, as inovações concernentes aos procedimentos de produção vão mais rápido do que as inovações relativas aos produtos. É sem dúvida o que explica que os ciclos de crescimento, e sobretudo os ciclos de lucros engendrados por cada um dos novos produtos (eletrônica doméstica, microinformática, telefones celulares etc.), sejam cada vez mais breves. Em seu *Manifesto contra o Trabalho*, o grupo Krisis conclui que "o capitalismo se choca contra um limite histórico absoluto", e por conseguinte, "o ídolo Trabalho" produz sua própria ruína.[34] Todavia, apesar da importância desse texto, o assunto talvez

---

[34] Grupo Krisis, *Manifeste contre le Travail*, Léo Scheer, Paris, 2002 [Em português: *Manifesto contra o trabalho*, Conrad (Baderna), São Paulo, 2003]. Remetemos também à obra essencial de Moishe Postone, *Temps, travail et domination sociale. Une réinterprétation de la théorie critique de Marx*, Mille et une nuits, Paris, 2009 [Em português: *Tempo, trabalho e dominação social. Uma reinterpretação da teoria crítica de Marx*, Boitempo, São Paulo, 2014], especialmente a p. 541, na qual o autor faz valer uma "contradição crescente entre a necessidade e a não necessidade do trabalho", o que sugere ao mesmo tempo a *manutenção* do tipo de trabalho que os

seja aqui enviesado por uma abordagem muito focalizada só nos países ocidentais. Os proletários estão desaparecendo ou foram simplesmente afastados para longe, para as usinas do Sul ou, em nossas portas, mas invisíveis, para o fundo das cozinhas do Norte? Em escala mundial, o trabalho assalariado não continua a se desenvolver no ritmo da desruralização, particularmente massiva na Ásia?[35] Ainda estamos longe do fim do trabalho e é, além do mais, duvidoso que se possa fixar para o capitalismo um limite absoluto, se não for aquele de uma possível destruição da espécie humana. Ainda assim, o progresso da produtividade tem consequências cujo alcance não se saberia minorar. Segundo certos *experts* sistêmicos, ele é tão intenso que, ao longo do século XXI, somente um quinto da população ativa estará em condições de garantir o conjunto da atividade econômica mundial.[36] Mesmo que a estimativa possa ser discutida, a tendência é clara e tem como resultado uma situação cada vez mais difícil de manter nos quadros do sistema capitalista, ao mesmo tempo pela crise social que ela implica e pela rarefação do lucro que engendra. Ela conduz a uma radicalização da contradição, sem cessar mais crucial, entre produção e consumo (como esses excedentários da produção podem desempenhar seu papel de consumidor?), assim como a uma contradição não menos brutal entre a manutenção do ídolo Trabalho como fundamento da lógica social e a impossibilidade

homens continuam a realizar sob o efeito dos imperativos do valor e seu caráter cada vez mais *supérfluo* diante das simples exigências da existência humana. Resulta "um fosso crescente" entre o trabalho efetivamente realizado e o que poderia ser a atividade humana em uma sociedade que não seria mais mediatizada pelo trabalho.

[35] Entre 1996 e 2007, o número de pessoas trabalhando no mundo passou de 2,5 para 3 bilhões, e aquele de assalariados, de 1075 para 1410 milhões (Organização Internacional do Trabalho, *Tendances mondiales de l'emploi*, 2008). É preciso, no entanto, levar em conta a expansão do trabalho parcial e as múltiplas formas de precariedade que afetam, em graus diversos, um terço da população ativa.

[36] Encontro de São Francisco sob iniciativa da Fundação Gorbatchev em 1995 (citado por Jean-Claude Michéa, *L'Enseignement de l'ignorance et ses conditions modernes*, Climats, Paris, 1999, p. 41).

prática de colocar o essencial da população para trabalhar (e isso, muito além do uso funcional do desemprego). Ao mesmo tempo, uma tal situação oferece uma fantástica base material para a superação do capitalismo, como se verá no capítulo 3.

Deve-se levar em conta também transformações recentes das esferas de atividades: dominação da agricultura pela indústria (alimentar e não alimentar); dominação da atividade industrial pelo setor terciário (finanças, comunicação etc.). Não significa, no entanto, que não exista um capitalismo de um tipo novo, funcionando segundo regras inéditas, que alguns classificam como "capitalismo cognitivo".[37] Esta noção e as análises às quais ela dá lugar repousam sobre um profundo exagero do impacto do trabalho dito imaterial (ou cognitivo) e, substancialmente, sobre uma idealização deste último, o qual é principalmente aquele dos técnicos de informática, publicitários, designers, produtores da cultura e da comunicação. Tratar-se-ia de um trabalho criativo, cooperativo e estreitamente envolvido com a própria vida, através do qual se experimentaria uma humanidade nova e emancipada. Mas, na prática, tais ofícios não convocam a criatividade para melhor colocá-la a serviço das exigências da mercadoria e da rentabilidade? Seria o apagamento das fronteiras entre o trabalho e a vida privada, acentuado por uma conectividade quase permanente às redes de comunicação, outra coisa senão uma servidão crescente sob as imposições que requerem o engajamento pleno da pessoa na epopeia do empreendedorismo? Enfim, tais análises reproduzem um forte velho esquema segundo o qual o Trabalho é uma atividade livre da qual o Capital se nutre como um parasita. Bastaria então se livrar dele para que a força do Trabalho, já em sua positividade bloqueada, reencontrasse toda sua fecundidade. Mas, arrisca-se assim a permanecer subjugado pelo ídolo Trabalho, que é, portanto, o próprio coração do

---

[37] Yann Moulier Boutang, *Le Capitalisme cognitif. La nouvelle grande transformation*, Amsterdam, Paris, 2007.

sistema capitalista.[38] Da mesma maneira, se ganharia em considerar que o trabalho, cognitivo ou outro, não poderia existir no seio do sistema capitalista sem ser modelado profundamente pela própria lógica deste. Melhor ainda, ele não existe como trabalho senão à medida que concorre para a produção das mercadorias, dos bens ou dos serviços orientados para a realização do valor e do lucro. Não é preciso liberar o Trabalho, suposto puro, da sua perversão pelo Capital; é a atividade humana que pede para se livrar das exigências do trabalho.

Mesmo se não conciliamos uma virtude emancipadora a um trabalho cognitivo largamente estruturado pelas exigências do capital, podemos reconhecer, mais especificamente, que certas inovações técnicas se revestem de um caráter potencialmente positivo. A informática e a Rede permitem, em larga medida, uma circulação livre de informações, de conhecimento, de produções culturais, assim como a constituição cooperativa e gratuita de programas e de *sites* colocando à disposição de todos um saber enciclopédico ou especializado. O fato de que "tudo o que é reproduzível em linguagem digital tende irresistivelmente a tornar-se um bem comum" provoca um combate acalorado entre a lógica da mercantilização e a tendência à gratuidade.[39] Aí está uma contradição suplementar, inscrita no sistema técnico promovido pelas formas mais recentes do capitalismo.

[38] Para uma crítica do caráter emancipador do trabalho cognitivo, que é também o coração da concepção negriana da multidão, ver Groupe Krisis, *Manifeste, op. cit.* E, sobretudo, Anselm Jappe e Robert Kurz, *Les Habits neufs de l'Empire*, Léo Scheer, Paris, 2003. O *Manifeste* propõe que o Trabalho e o Capital são duas concreções diferentes do valor, de maneira que sua contradição permanece *interna* ao modo de produção capitalista. Igualmente, Moishe Postone faz valer que o trabalho é uma categoria historicamente constituída e específica do capitalismo: nem o trabalho, nem o proletariado enquanto classe constituída pelo trabalho poderiam, pois, fornecer a base a partir da qual engajar a superação do capitalismo (*Temps, travail et domination sociale, op. cit.*).
[39] André Gorz, "La sortie du capitalisme a déjà commencé", retomado em *Ecologica*, Galilée, Paris, 2008, p. 25-42 [Em português: *Ecológica*, Annablume, 2010].

Suas características fazem uma parte essencial das produções culturais e imateriais tender em direção à gratuidade e acentuam as dificuldades, já grandes, que o capital encontra na realização dos lucros dos quais ele se alimenta. No total, o capitalismo neoliberal conseguiu estender seus modos de funcionamento na esfera social e restaurar com sucesso suas taxas de lucro, mas, ao mesmo tempo, a tendência a tropeçar sobre obstáculos cada vez mais difíceis de contornar (reprodutibilidade dos dados digitais, propensão à autodestruição do ídolo Trabalho, limites ecológicos) reaparece a cada vez com mais vigor.

FORMATAÇÃO CONCORRENCIAL DAS SUBJETIVIDADES

Resta sublinhar uma terceira dinâmica que esteve no coração da ofensiva neoliberal e, ao que tudo indica, não fará senão se aprofundar no período por vir. Trata-se de um processo visando a incorporação subjetiva das normas próprias à esfera econômica.[40] Essa dinâmica comportou aspectos estritamente ideológicos, notadamente a passagem a uma representação da empresa não como lugar conflituoso, mas consensual, onde se comungaria no culto do esforço e do ideal de crescimento. Mas os aspectos mais decisivos tocam na modificação íntima dos comportamentos, na modelagem das condutas, das maneiras de ser e de sentir, enfim, na emergência de um novo modo de produção das subjetividades. Seria possível reconhecer aí um aspecto da implementação das sociedades de controle (ou sociedades securitárias), anunciada por Michel Foucault e Gilles Deleuze.[41] É ainda necessário observar que, enquanto certos modos de controle das populações se fazem

[40] Para uma análise de conjunto do neoliberalismo, e notadamente do papel das normas concorrenciais, ver Pierre Dardot e Christian Laval, *La Nouvelle Raison du Monde. Essai sur la société néolibérale*, La Découverte, Paris, 2009 [Em português: *A nova razão do mundo: ensaio sobre a sociedade neoliberal*, São Paulo, Boitempo, 2017].

[41] Ver *supra* nota 30 bem como, para a noção de sociedade de controle, Gilles Deleuze, *Pourparlers*, Minuit, Paris, 1990 [Em português: *Conversações*, Editora 34, São Paulo, 1992] e sua retomada, por Michael

difusos e invisíveis, as evoluções mais recentes convidam a dar todo o espaço às coerções fortemente exibidas da securitização militar-policial e a uma reterritorialização das operações repressivas.[42] O modo de contenção das populações, que se aperfeiçoa sob os nossos olhos, combina a difusão das normas burocrático-comerciais e aquela dos dispositivos securitários-democráticos. Um tipo de *democradura*[43] *comercial* se instala: uma democracia reduzida a suas aparências formais pela preeminência conjugada da lógica econômica, da omnipotência dos *experts* e da obsessão securitária.

A generalização da competição e das suas exigências está no coração desse processo de incorporação das normas comerciais. A concorrência certamente não é uma novidade. Ela está de fato no início da economia de mercado e das representações da vida social próprias do liberalismo (ao menos desde a metade do século XIX, quando Herbert Spencer transpõe para o mundo social a ideia darwiniana da seleção natural, e isso contra as concepções do próprio Darwin). Contudo, a extensão e a intensificação recentes das normas da competição conferem a esta um papel novo. Sob o nome de *benchmarking*, as regras da competição são levadas a se generalizar, inclusive nas esferas que não fazem parte do mercado: no seio de uma mesma empresa, entre suas filiais, suas sucursais, seus serviços, seus assalariados, mas também

---

Hardt e Antonio Negri, *Empire*, Exils, Paris, 2000 [Em português: *Império*, Record, São Paulo, 2001].

42 Os processos de desterritorialização, anunciados por Gilles Deleuze e Félix Guattari e colocados no centro da análise negriana de um "mundo liso" (*Empire, ibid.*), parecem ter se invertido no dia seguinte da publicação desse livro ou, mais precisamente, com a intervenção no Iraque, para dar lugar a dinâmicas de reterritorialização (intensificação das tensões geoestratégicas e da luta pelo controle dos recursos naturais em vias de rarefação).

43 Forjada por Eduardo Galeano (*Sens dessus dessous. L'école du monde à l'envers*, Homnisphères, Paris, 2004) [Em português: *De pernas pro ar. A escola do mundo ao avesso*, L&PM, São Paulo, 2009], o termo "democradura" foi retomado pelo subcomitê descentralizado dos guardas de barragem em alternância, *Ne sauvons pas le système qui nous broie! Manifeste pour une désobéissance générale*, Le Passager Clandestin, Paris, 2009.

nas administrações públicas, como entre as universidades e as unidades públicas de pesquisa.[44] Disso resulta um novo modo de funcionamento do Estado, no qual as técnicas de gestão substituem a ética do interesse geral. A difusão de uma "cultura da avaliação" (quantitativa e formal) não tem nenhum outro objetivo senão o de fazer mergulhar o conjunto das condutas sociais em uma impregnação competitiva permanente e de submeter os agentes às pressões supostas de um estado concorrencial generalizado. A competição funciona, então, como uma máquina ideal de conduzir as condutas, pois seu mecanismo age de tal maneira que os indivíduos se aplicam, sob o efeito de uma vontade aparente, às normas de comportamento resultantes das exigências da competição. Um tal dispositivo produz uma heteronomia maximizada sob as aparências da maior autonomia. Repousando sobre a interiorização das normas e a mobilização intensificada das vontades, ele é um instrumento de produção do conformismo social de uma temível eficiência.

Soma-se a isso a dramatização dos desafios da competição. Hoje, mesmo que a esperança de ascensão social não tenha desaparecido inteiramente, o principal estímulo da adesão à sociedade é muito mais a angústia de ser colocado "fora da corrida", de não encontrar seu lugar, de não ter trabalho e, para aqueles que o têm, de perdê-lo. Trata-se de uma modalidade de integração social essencialmente negativa, que é um aspecto do governo das condutas pelo medo (conhecemos a eficácia da precariedade e da ameaça do desemprego na modificação da relação de forças em benefício do capital). Combinando situação concorrencial total e extensão do risco de não integração, a competição se transforma em uma luta até a morte, uma luta pela sobrevivência. Ela constitui então um estímulo para a adaptação, tensionado em bloco no coração

---

[44] Sobre o *benchmarking*, ver Luc Boltanski, *De la critique*, op. cit., p. 198-200 e Isabelle Bruno e Emmanuel Didier, *Benchmarking. L'État sous pression statistique*, Zones/La Découverte, Paris, 2013.

das subjetividades. Não há mais meias medidas: a concorrência é a balança de um novo julgamento final que devota alguns ao paraíso da performance e da excelência e condena outros ao inferno da desintegração social. "Se adaptar ou perecer" é a lei de bronze dessa pesagem da qual a Economia é o lúgubre arcanjo. O que quer dizer também: ser conforme ou não ser nada.

A *compressão temporal* é um outro aspecto crucial do modo de produção das subjetividades, porque está incorporado de maneira quase permanente nos gestos, nas atitudes, nos ritmos da vida. Fundamentado sobre a exploração do trabalho assalariado (e sobre o valor que determina o tempo do trabalho – socialmente necessário – contido nas mercadorias produzidas), o capitalismo impôs, desde suas origens, uma "tirania dos relógios".[45] Mas essa tirania se acentuou e nós estamos hoje submetidos a uma ditadura dos tempos breves, dos ritmos sincopados e de uma urgência artificialmente conservada, bem-feita para solapar a nossa participação, negando a pausa de um possível distanciamento. Uma tirania da urgência que contribui para construir essa angústia de "estar atrasado" ou de "atrasar", que é um componente maior da produção das subjetividades concorrenciais. O ser humano agora está no tempo como um mergulhador sem tanque de oxigênio no fundo do mar: em apneia, à beira da asfixia, obrigado a uma pressa que parece ter se tornado uma questão de sobrevivência. Mas a luta contra o tempo está sempre perdida, não pelo fato de nossa condição mortal, mas porque está perdida *a cada instante*. O reino do imediato impõe esta outra lei de bronze: quanto mais rápido se vai, mais o tempo falta. Quanto mais se ganha tempo, mais ele nos falta. Ou, melhor dizendo, quanto mais se ganha tempo, mais é o tempo que nos ganha.

---

45 Norbert Elias, *Du temps*, Fayard, Paris, 1996 [Em português: *Sobre o tempo*, Zahar, Rio de Janeiro, 1998]. Sobre esses aspectos, remeto a um estudo anterior: "L'histoire face au présent perpétuel. Quelques remarques sur la relation passé/futur", *in* François Hartog e Jacques Revel (dir.), *Les Usages politiques du passé*, Éditions de l'EHESS, Paris, 2001, p. 55-74.

É apenas a expressão de um paradoxo mais geral da sociedade de mercado, na qual a abundância engendra a falta, na qual quanto mais se tem, mais se sente a falta. Sobretudo, a compressão temporal é inseparável da intensificação das normas da competição. Nós não cessamos, sem nos darmos sempre conta, e por vezes muito contra a nossa vontade, de colocar em relação quantidades (de coisas feitas ou vistas) e durações. Nós não cessamos de mensurar nosso agir com um parâmetro de tempo. E, desde que a correlação não corresponde às normas da vida apressada e arrastada para a eficiência, a impaciência surge. É a lógica da rentabilidade e da produtividade, própria ao funcionamento da economia capitalista e infundida no conjunto do corpo social, que se manifesta então desde o interior de nós mesmos, no mais profundo das nossas subjetividades.

"Um segundo perdido na estação, atraso em toda a linha": eis aí a injunção com a qual cada porta do metrô parisiense acolhia, até recentemente, seus passageiros. É de fato até o mais ínfimo segundo que se exasperam a pressa temporal e a exigência de controle das condutas. Mas, o mais espantoso é a relação consigo mesmo e com o outro, induzida por uma tal instrução: sobre mim pesa a responsabilidade de não provocar o atraso de milhares de viajantes, não somente na composição, mas em toda a linha; a relação (abstrata) com a massa anônima de usuários prima sobre a relação com as pessoas que me circundam e que a instrução me insta a ver como obstáculos potenciais, a pisotear se preciso for, no caminho da minha impecável saída. A relação consigo mesmo e com os outros é uma relação de objetos, porque nós estamos todos intimados a sermos engrenagens de um vasto maquinário cujos movimentos são regulados quase segundo por segundo. Em uma sociedade regida pelas exigências do valor (a qual só poderia se interessar por sua própria quantidade), a própria relação social tende a ser reduzida à troca de quantidades, ou pelo menos, à medida de quantidades, enquanto a formatação concorrencial das subjetividades não é senão uma maneira de incutir a lógica de quantificação do valor na própria espessura da vida. Não é a medida objetivada dos *status* individuais que prevalece por toda parte? Nas aulas da escola, as crianças procuram saber quem é aquele cujo pai ganha mais dinheiro e imaginam que não se é nada se não se tem os tênis certos. O primado do quantitativo sobre o qualitativo e da forma sobre o conteúdo se estende da produção dos objetos até a produção imaterial, e depois ao conjunto das atividades sociais e aos modos de ser e às subjetividades.

Mas em qual sentido exatamente seria legítimo evocar uma "mercantilização da vida"? É antes porque nós somos consumidores em potencial, e por isso os alvos das mensagens publicitárias, que a nossa vida é solapada pela esfera mercantil. Esta penetra o espaço íntimo, modificando notadamente as práticas associadas à amizade ("nós vamos ajudar suas marcas a fazerem parte das conversas cotidianas", explica o fundador de Facebook aos seus clientes anunciantes), com efeitos variáveis segundo os tipos de uso, mas nem sempre controláveis. Mas isso não é nada comparado à partida célebre de um Presidente Executivo da TF1 se vangloriando de "vender tempo de cérebro humano disponível" e se orgulhando ao destacar o quanto seus programas preparam os ditos cérebros para uma perfeita recepção das mensagens publicitárias.[46] Nosso tempo de vida é uma mercadoria que outros vendem contra a nossa vontade, para permitir que outros nos vendam suas mercadorias...

Mas, é ainda mais porque nós somos produtores em potencial que a nossa vida tem o *status* de mercadoria. Já definida como "recurso humano" pelos diretores do mesmo nome, ou como "capital humano", a pessoa agora é convidada a se conceber como uma pequena empresa, com a promessa de, ao longo de toda a sua vida,

---

[46] Declaração de Patrick Le Lay, Diretor Executivo da TF1, em 2004, citado e comentado por Marie Bénilde, *On achète bien des cerveaux. La publicité et les médias,* Raisons d'Agir, 2007, p. 19.

melhorar e fazer frutificar sua "empregabilidade", quer dizer, sua capacidade de corresponder aos critérios exigidos pelo mercado de trabalho, os quais englobam não apenas as competências profissionais diretas, mas também todas as qualidades psicológicas, emocionais e relacionais. Submetida a esse regime, a vida como um todo mostra-se como um paciente trabalho de produção de si como empresa, de constituição de um modo de ser inteiramente adaptado às normas do mercado.[47] Uma tal representação é uma façanha do ilusionismo social. Com efeito, ela qualifica no registro da empresa e do capital, o que não é nada além da produção/reprodução da capacidade de trabalho da qual as empresas (verdadeiras) se alimentam! Ao mesmo tempo, ela é a expressão absolutamente clara da mercantilização das pessoas, ou seja, de sua constituição como mercadoria-capacidade de trabalho.[48] Ela testemunha também o fato de que o trabalho e suas exigências transbordam sobre o domínio da vida privada, de maneira que a consciência de si é cada vez mais modelada por lógicas de autoapresentação profissional e, mais geralmente, por uma arte de colocar em cena suas aptidões e suas performances. Está inscrito no próprio fundamento do capitalismo que a força de trabalho é uma mercadoria; mas, desde então, é a vida, enquanto vida-para-o-trabalho, que se torna ela mesma uma mercadoria. Resumindo, a mercantilização envelopa a vida triplamente: como tempo de trabalho vendido para a produção, como tempo disponível para o consumo e como tempo (quase permanente) de constituição de um eu conforme às exigências do mercado.

Mas *mercantilização* também significa que nem tudo é mercadoria, que a própria vida não é uma mercadoria (apesar do que diz o tráfico de órgãos ou as transações às quais pode dar lugar a

---

[47] André Gorz, "La personne devient une entreprise. Note sur le travail de production de soi", 2001, <http://ecorev.org/spip.php?article382>.

[48] Veja também, mais classicamente, o engajamento completo da pessoa exigido pelo trabalho, muito bem ilustrado pelo lema colocado na entrada das unidades de produção da Toyota: "Bons pensamentos significam bons produtos" (citado por R. Antunes, "La centralidad del trabajo hoy", *Herramienta*, 8, 1998, <www.herramienta.com>).

potência de engendrar). Mercantilização designa um *devir-mercadoria* do mundo, que não poderia chegar inteiramente a seu fim, pois certamente deve haver um resto, um fora-de-mercado que faz, com certa dificuldade, com que a sociedade se mantenha e garanta à vida alguns refúgios de humanidade. O importante está no fato de que mesmo o que não é mercadoria, no sentido estrito do termo, é tratado da mesma maneira e regulado por normas similares. A existência em si deve ser impregnada pelas exigências próprias à esfera mercantil, a ideologia da empresa e o valor-trabalho, o culto da performance e da eficiência. Deve se submeter às reduções de interesse e de objetivação quantitativa, à tirania do instantâneo e do presente perpétuo. Ela deve estar inteiramente informada pela subjetividade concorrencial que impulsiona a corrida de cada um e define os limites que separa um corredor de outro. Esses dispositivos requerem uma adaptação a normas sempre mais exigentes e contribuem poderosamente, por conta da interiorização dessas mesmas normas, para a naturalização do mundo social tal como ele é. É por isso que o capitalismo não é somente um sistema econômico, mas uma *sociedade da economia* onde as subjetividades e as relações intersubjetivas se instituem em um devir-mercadoria da vida.

CONSIDERADO NO SENTIDO ESTRITO DO TERMO, o ciclo neoliberal desencadeado há mais ou menos três décadas parece ter atingido seus limites (muito simplesmente, talvez, porque ele atingiu seus objetivos). Nessa perspectiva, seria possível pensar que a crise atual abre a oportunidade de um retorno aos equilíbrios keynesianos que haviam precedido os "Trinta Vergonhosos" do neoliberalismo. Mas uma visão de longa duração convida a privilegiar três tendências, que rompem com o capitalismo disciplinar dos Estados-nações, e que nada indica que sejam suscetíveis de se inverter: constituição do mercado mundial único e interdependência extrema das entidades nacionais; dificuldade crescente na realização do valor, seja sob a espécie do trabalho ou do lucro; intensificação dos modos de produção de subjetividades diretamente modeladas pelas normas da mercadoria.[49] Em tais condições, todas as bases do compromisso keynesiano parecem faltar: uma estrutura nacional viável economicamente, um Estado respaldado por uma ética do interesse comum (doravante substituído por um Estado gestionário ou por instituições supranacionais que, como a União Europeia, fazem ofício de correias de transmissão e de adaptação às imposições da competição internacional), ciclos de crescimento garantindo as taxas de lucro duráveis e organizações sindicais e políticas poderosas impondo uma relação negociada entre capital e trabalho. É provável que os reequilíbrios provocados pela crise e o fim dos "Trinta Vergonhosos" do primeiro ciclo neoliberal não sejam senão superficiais (fora, sem dúvida, o que concerne à reorganização policêntrica da economia-mundo) e que concorram, finalmente, com um aprofundamento das principais tendências já assinaladas.

Consequentemente, é duvidoso que as contradições mais agudas e os aspectos mais nefastos do capitalismo possam se atenuar ou serem controlados no próprio seio desse sistema. Não se pode negar, todavia, que ele desenvolve, ao mesmo tempo que efeitos destrutivos, potencialidades técnicas suscetíveis de serem positivas: energias renováveis induzindo uma relação não predatória para com o meio ambiente, tecnologias digitais permitindo o desenvolvimento de formas de produção e de troca fundamentadas sobre a

---

[49] Um outro traço maior das evoluções recentes do capitalismo será evocado no capítulo 4: a intensificação da competição pelo controle dos recursos naturais e a espoliação massiva das terras e dos territórios como consequência. A esses fenômenos está associado um outro aspecto da mercantilização da vida, que concerne à captação mercantil dos processos da biosfera (patentes sobre a biodiversidade, apropriação do sistema alimentar pela generalização das sementes transgênicas, mercados de emissão de carbono, mecanismo REDD+ que, acobertado pela preservação das florestas, desapropria as populações, notadamente indígenas, do controle de seus territórios e conclui-se em uma expropriação de suas formas de vida tradicionais etc.).

gratuidade e a cooperação. É possível que o futuro pós-capitalista já esteja aí, em germe. Mas, certamente, não é permanecendo prisioneiro do sistema capitalista que o combate decisivo entre a gratuidade e a mercantilização poderá ser ganho pela primeira. Em vez disso, são as tensões reavivadas que se anunciam, com a acentuação dos efeitos da mercantilização da vida e a extensão das patologias próprias das subjetividades concorrenciais:[50] egos sempre mais hipertrofiados, presos entre promessas de omnipotência socialmente mantidas e imposições induzindo à frustrações cada vez mais insuportáveis; solidões estressadas e depressivas; sensação de ser despossuído do sentido de sua própria atividade, ou até de toda a sua vida; generalização das representações desumanizadas de si e frieza das relações objetivadas com outrem. A absurdidade de um sistema que sujeita a humanidade a demandas do trabalho que é onipresente e enfraquecido só vai aumentar, assim como os efeitos da desintegração social que tal situação gera.

Enfim, e é seguramente o mais grave, existem sólidas razões para considerar que o capitalismo seja incapaz de frear a devastação ecológica que ele mesmo criou, e isso no breve prazo que resta antes que esta não se torne totalmente irreparável (voltaremos a isso no capítulo 5). Seria razoável pensar que o capitalismo, movido pelo imperativo de rentabilidade e submetido às lógicas do

---

[50] Pode-se certamente sublinhar, como o faz Frédéric Lordon, que o capitalismo, enquanto modo de conformação dos desejos e dos afetos, é também capaz de mobilizar afetos alegres, aqueles do consumo e da realização de si no trabalho (*Capitalisme, désir et servitude. Marx et Spinoza*, La Fabrique, Paris, 2010). Uma tal análise tem o mérito de ajudar a compreender como o sistema capitalista se mantém (e nos mantém). É preciso, todavia, tomar cuidado para não minimizar a ambivalência constitutiva das situações afetivas em regime capitalista: a extensão das alegrias do consumo é apenas o reverso – ou a suspensão muito provisória – de uma intensificação das insatisfações, sabiamente conservada ("a chave da prosperidade econômica consiste na criação de um sentimento de insatisfação", pôde dizer o diretor de General Motors); do mesmo modo, o ideal de realização de si no trabalho não progride senão acompanhado por um aumento das tensões competitivas, dos medos (de ser mal avaliado, de ser demitido...), das pressões temporais e dos estresses que colonizam a vida inteira.

curto termo, possa levar em conta seriamente um parâmetro que vem mais uma vez reduzir suas margens de lucro? Seria razoável imaginar que o seu apetite por novos mercados possa considerar a questão ecológica de outra maneira que não sob o ângulo de resultados promissores a serem desenvolvidos, incluindo aqueles da gestão de desastres por vir (notadamente as migrações massivas de refugiados climáticos) ou da venda de condições de sobrevivência para os raros privilegiados que terão os meios? Seria razoável continuar a confiar o destino da humanidade e do planeta que a abriga a um sistema econômico fundado sobre a necessidade estrutural de crescimento, quer dizer, sobre um "processo contínuo e infinito de autoexpansão do valor" que impõe uma lógica produtivista, não tendo outro fim senão a sua própria intensificação?[51] Não temos todas as razões para pensar que a reprodução do sistema capitalista, intrinsecamente movido pela necessidade de uma expansão ilimitada da produção-pela-produção, compromete a preservação das condições de vida sobre o planeta Terra, e até a própria existência da espécie humana?

Alguns pensam que é mais realista trabalhar o capitalismo "por dentro", seja porque esperam fazer do Estado, fiador do interesse comum, um contrapeso para a lógica de mercado, seja porque pretendem se apoiar sobre as tendências libertadoras em obra no seio do capitalismo cognitivo para levá-lo para além dele mesmo. Mesmo sendo o inverso uma da outra, ao menos no que concerne à análise do Estado, essas duas concepções possuem um traço em comum: elas buscam seu ponto de apoio *no* sistema capitalista, seja para conter seus efeitos, seja para lançar-se para além dele. Mas, sob o prisma das análises precedentes,

---

[51] A expressão é de Moishe Postone (*Temps, travail et domination sociale, op. cit.*, p. 395), que ressalta que essa lógica é inerente ao sistema capitalista e constitui uma força que impõe sua coação aos humanos. Então, só é possível controlar seus efeitos de maneira marginal. Vale ressaltar quão necessário é considerar o produtivismo – que está no fundamento da destruição em curso da biosfera - não como um efeito acessório do sistema capitalista, mas como um de seus traços constitutivos mais essenciais.

esse aparente "realismo" poderia se revelar tão irrealista quanto perigoso. A ameaça que pesa sobre a humanidade e, mais ainda, o desejo de lhe garantir as condições de uma vida digna indicam a urgência: sair do capitalismo.

NÃO, NÓS NÃO QUEREMOS MAIS *submeter a vida social às exigências da economia, ou seja, da exploração e da expropriação, de uma produtividade mortal para o planeta, de uma competitividade destruidora das relações interpessoais, de uma redução do humano a um parâmetro contábil. Nós não nos resignamos a ver os espaços de vida fundados na colaboração, na ajuda mútua, na amizade e na gratuidade pouco a pouco solapadas pela exigência econômica ou pervertidas por dentro pela produção mercantilizada das subjetividades.*

Nós não queremos tantos produtos adulterados, brinquedos quebrados pouco depois de abrir os pacotes, objetos concebidos para serem substituídos e terminarem o mais rápido possível no lixo.

Nós não queremos mais esses fantasmas de três vinténs que supõem fazer de nós consumidores apressados, nem esses divertimentos de pacotilha pelos quais nossos cérebros e nossos sentidos são colocados em leilão ao melhor pagante.

Nós não queremos mais esse culto absurdo de um trabalho que nos escraviza tanto por seu excesso quanto por sua falta. Nós não queremos mais nos sacrificar pela obsessão do êxito e da excelência, sob a ameaça da desintegração social. Nós não queremos mais ter por única escolha ser o empreendedor de si mesmo ou não ser nada.

Nós não queremos mais uma existência concebida como uma corrida contra o relógio, uma luta contra todos os outros. Nós não queremos mais essas relações humanas desnaturadas por tantas torções e por essa desconfiança instalada entre os eus concorrenciais, cristalizados na certeza de sua omnipotência e, entretanto, fissurados por tantas frustrações. Nós não queremos mais sentir,

no fundo de nossas subjetividades, a presença palpável dos fetiches da economia, do interesse, da performance, do tempo contado, da imagem maquínica de si e dos outros.
Nós não queremos mais.
Nós não queremos mais, sobretudo, refundar o capitalismo, mas acabar com ele.
Nós não queremos salvar o capitalismo, mas nos salvar dele.

CAPÍTULO II
CONSTRUIR A AUTONOMIA: A POLÍTICA SEM ESTADO

Nós não podemos nos associar com pessoas que dizem abertamente que os trabalhadores são ignorantes demais para se libertarem sozinhos e devem ser libertados pelo alto.

Karl Marx,
Crítica ao programa de Gotha.

TUDO O QUE FOI DITO no capítulo precedente, nós sabemos há muito tempo. Esses horrores, nós os conhecemos de cor. Mas é possível examinar bem todos os escândalos do mundo e destrinchar a interminável litania dos crimes do capitalismo que isso não mudará nada, isso não será o suficiente. Enquanto a crença (ou, simplesmente, a sensação) de que não há outra forma social viável permanecer inabalada, enquanto não tiver começado a ganhar consistência a possibilidade de uma organização não capitalista da vida, a maior parte de nós continuará a se resignar ao estado atual dos fatos ou a promover arranjos limitados no seio do desastre.

Nós não nos encontramos mais no tempo do triunfo absoluto do pensamento único neoliberal. Desde o fim dos anos 1990, o ciclo das mobilizações altermundialistas começou a fissurar seu belo edifício e a emergência de movimentos sociais inovadores, notadamente na América Latina (Brasil, Bolívia, Equador, Colômbia), contribuiu com isso igualmente. Essas lutas são uma fonte potente de inspiração para dar corpo à possibilidade de uma outra organização coletiva, para além das normas do sistema-mundo capitalista. É essencialmente no terreno da experiência zapatista que se ancorará aqui a reflexão. O *"¡Ya basta!"* do 1 de janeiro de 1994 não quis, insurgindo-se contra as involuções neoliberais do México, quebrar a arrogância daqueles que proclamavam o fim da História? O Encontro Intercontinental pela Humanidade e Contra o Neoliberalismo, convocado em Chiapas durante o verão de 1996, não passa a ser um dos sinais anunciadores das lutas altermundialistas? Mesmo se a rebelião zapatista parecer distante e exótica, ela suscita uma reflexão geral, que pode ser partilhada muito além das fronteiras do México. Não se trata certamente de convertê-la em um modelo ou em doutrina, o que os próprios zapatistas recusam com a mais viva energia. Trata-se somente de considerar com toda a atenção necessária essa experiência – que não é exagero considerar como uma das mais profundas "utopias reais" atualmente desenvolvidas – e de se esforçar para tirar alguns ensinamentos, mais particularmente no que concerne às formas políticas da emancipação social.

OS ZAPATISTAS: UMA EXPERIÊNCIA REBELDE

Fundado em 17 de novembro de 1983 como um clássico foco de guerrilha, o *Ejército Zapatista de Liberación Nacional* (EZLN) se tornou a organização política e militar de centenas de comunidades indígenas e fez-se conhecer, na noite de primeiro de janeiro de 1994, ocupando sete cidades de Chiapas, incluindo San Cristóbal de las Casas.[52] O México esquecido relembrava assim do México de cima que, nesse dia, festejava com champanhe a entrada em vigor do Tratado Norte-Americano de Livre-Comércio (NAFTA) e, na mesma ocasião, sua integração tão sonhada no clube da modernidade. Doze dias depois do início dos combates, o aceite do cessar-fogo abriu a etapa da palavra. Não sem múltiplas peripécias, as discussões conduzidas com o governo federal concluíram-se pela assinatura dos Acordos de San Andrés sobre os Direitos e a Cultura Indígenas, no dia 16 de fevereiro de 1996. Mas o presidente Zedillo recusou a reforma constitucional que deveria permitir essa aplicação e optou por uma estratégia de paramilitarização visando desestruturar as comunidades indígenas que formam a base social do EZLN. Essa escolha governamental provocou deslocamentos massivos de população e levou, no dia 22 de dezembro de 1997, ao massacre de Acteal, no qual 45 indígenas *tsotsis*, principalmente mulheres e crianças, foram assassinados por um grupo paramilitar quando

[52] Para uma apresentação geral do movimento zapatista, eu me permito remeter a Jérôme Baschet, *La Rébellion Zapatiste. Insurrection indienne et résistance planétaire*, Paris, Champs-Flammarion, 2005 (com uma bibliografia detalhada). A transformação do núcleo inicial foi descrita pelo subcomandante Marcos como uma salutar "derrota" das certezas marxistas-leninistas dos primeiros guerrilheiros, como um "processo de reeducação" daqueles que tinham vindo para educar o povo; ver Sous-commandant Marcos, *Saison de la digne rage*, Climats, Paris, 2009, p. 10-11.

rezavam em uma capela. Apesar do fim do regime de Partido-Estado (julho de 2000) e do sucesso da Marcha da cor da terra (março de 2001), que permitiu aos zapatistas pleitear na tribuna do Parlamento a favor da reforma constitucional aguardada desde 1996, os legisladores de todos os partidos permaneceram surdos às demandas indígenas e votaram um texto que desnaturou os pontos mais substanciais dos Acordos de San Andrés.[53] Denunciando uma traição, o EZLN e o Congresso Nacional Indígena, que reagrupa organizações de quase todos os grupos étnicos do México, concluíram que o diálogo com os poderes instituídos (Executivo, Legislativo, Judiciário) e com a classe política no seu todo é vão. Encerra-se assim a fase aberta em fevereiro de 1994, durante a qual os zapatistas tinham optado pela negociação e buscado obter um reconhecimento institucional das reivindicações indígenas, e inicia-se uma outra fase, marcada por uma rejeição cada vez mais insistente da "política de cima". Os zapatistas decidem então colocar em prática a legitimidade dos Acordos de 1996, já que não puderam convertê-los em regra constitucional. Em agosto de 2003, são criados os cinco Conselhos de bom governo (*Juntas de buen gobierno*), a fim de implementar o regime de autonomia previsto pelos Acordos de San Andrés.

A prática da autonomia não é, claro, inteiramente nova, pois 38 comunas autônomas rebeldes zapatistas tinham sido declaradas desde dezembro de 1994.[54] Mas trata-se, com os Conselhos de bom governo,

---

[53] Joan Hocquenghem, Yvon Le Bot, Jacques Blanc et René Solis, *La Fragile Armada. La marche des zapatistes,* Métailié, Paris, 2001.

[54] Essa "declaração" correspondia a uma operação de "ruptura do cercamento militar" e foi antes de tudo estritamente formal. Ao longo dos anos seguintes e em datas diversas, a maior parte dessas comunas (mas não todas) constituíram suas instâncias de governo. Existem hoje vinte e sete comunas autônomas zapatistas, funcionando no seio de cinco zonas tendo cada uma sua própria *Junta de buen gobierno*. [N.T.: Em agosto de 2019 o EZLN anunciou a criação de 11 novos CRAREZ (*Centros de Resistência Autónoma y Rebeldia Zapatista* – uma nova terminologia para o conjunto formado por caracoles e municipalidades autônomas. Atualmente são 43 CRAREZ: 12 caracoles e 31 MAREZ (*Municipios Autónomos Rebeldes Zapatistas*)].

de engajar uma prática da autonomia mais consequente e de coordenar no nível regional a ação das comunas rebeldes.[55] No total, a zona de influência zapatista se estende sobre um território mais ou menos equivalente àquele da Bélgica; apesar de aí coexistirem comunas zapatistas e comunas "oficiais", pode-se estimar que as primeiras organizam a vida de várias dezenas ou centenas de milhares de indígenas maias (*tseltals, tsotsis, chols, tojolabals, mames*) e zoques, assim como a de famílias não indígenas que se colocam sob sua autoridade.

Em cada comuna autônoma, aqueles que ocupam as funções municipais são eleitos por suas comunidades para mandatos de dois ou três anos, revogáveis em qualquer momento e concebidos como "cargas" (*cargos*), quer dizer, serviços prestados não sendo objeto de nenhuma remuneração nem dando lugar a nenhuma vantagem material. Cada comuna delega em permanência, e segundo os mesmos princípios, dois ou três representantes ao Conselho de bom governo da zona correspondente. Em cada uma das cinco zonas zapatistas, o Conselho funciona como instância de coordenação emanado das próprias comunas e cujas decisões são tomadas depois de amplas consultas destas últimas. Os delegados no Conselho se revezam por curtos períodos de dez ou quinze dias, dependendo do caso, o que

---

[55] O funcionamento das instâncias de governo autônomo foi explicado detalhadamente durante a primeira sessão da *"Escuelita zapatista"*, que, em agosto de 2013, acolheu cerca de 1500 pessoas nas vilas rebeldes, permitindo-lhes tocar de perto a prática da autonomia e de compartilhar, no espaço de uma semana, o modo de vida e a experiência dos membros do EZLN. Foram produzidas nessa ocasião quatro obras, provenientes de um processo de análise coletiva dos dez anos de construção da autonomia e tendo notadamente permitido as trocas entre as cinco zonas zapatistas: *Gobierno autónomo I, Gobierno autónomo II, Resistencia autónoma, Participación de las mujeres en el gobierno autónomo*. Pode-se ler grandes passagens nos comunicados publicados alguns meses antes: Sous-commandants insurgés Marcos e Moisés, *Eux et nous*, Éditions de l'Escargot, Paris, 2013. A riqueza desse material e a organização mesma da *"Escuelita zapatista"* testemunham a força e a profundidade da experiência de autogoverno em curso.

lhes permite retornar regularmente a suas vilas para continuar a se ocupar de suas famílias e de suas terras. Essa rápida rotatividade tem efeitos que, para uma mente habituada a critérios de eficácia e de rapidez, não valeriam nada. A lentidão com a qual os membros dos Conselhos tratam os problemas, debatem coletivamente e consultam ao redor de si pode parecer desconcertante, ainda mais porque é necessário sempre passar a vez a uma outra equipe que retomará o exame do caso no seu ponto de partida... Mas, contanto que se adote uma outra lógica, seguramente pouco familiar para subjetividades modeladas pela modernidade ocidental, essa lentidão pode se converter em uma vantagem. Ela possibilita um tempo para se informar, ponderar as opiniões e as proposições e elaborar coletivamente as decisões obtendo, na medida do possível, a concordância de todos ou, pelo menos, de uma maioria clara (especialmente por as opções não acolhidas não serem rejeitadas, mas colocadas em reserva, para o caso das escolhidas não funcionarem). Sobretudo, trata-se de evitar ao máximo uma dissociação entre a tomada de decisão pelos Conselhos e a vida local das comunas e das comunidades. Trata-se de traduzir em ato uma concepção não especializada das tarefas de governo, de colocar em prática uma desespecialização da política. Os zapatistas puderam dizer, justamente, dos membros dos Conselhos de bom governo: "São especialistas em nada, ainda menos em política".[56]

Os Conselhos de bom governo estão permanentemente abertos às demandas que zapatistas e não zapatistas lhes apresentam e recebem todos os visitantes, mexicanos ou estrangeiros, que queiram saber mais sobre essa experiência. Cabe a eles a incumbência de entrar em acordo, se for necessário, com as autoridades municipais oficiais que compartilham o mesmo

---

[56] Sous-commandant Marcos, *Saisons de la digne rage, op. cit.*, p. 183. Ele afirma igualmente: "Nós queremos acabar com a ideia de que governar é um negócio de especialistas" (*Corte de Caja. Entrevista al subcomandante Marcos*, Bunker-Alterno, México, 2008, p. 42).

território e de se esforçar para resolver os conflitos que podem surgir tanto no seio das comunidades zapatistas quanto nos grupos não zapatistas. Eles têm seu próprio registro de estado civil. O exercício da justiça, que provém principalmente das autoridades municipais, pode, nos casos mais graves, requerer sua intervenção (igualmente solicitada, em numerosas ocasiões, pelos não zapatistas). Em qualquer nível que a investigação seja conduzida e a decisão promulgada, trata-se menos de infligir uma punição do que permitir uma reconciliação negociada entre as partes, graças a trabalhos de interesse geral e formas de reparação para o benefício das vítimas ou de suas famílias. Os Conselhos distribuem igualmente os (escassos) recursos em dinheiro (provenientes especialmente da solidariedade nacional e internacional e excluindo, por princípio, toda ajuda dos governos chiapateca e mexicano), notadamente a fim de apoiar a amplificação das capacidades produtivas (venda de café, cooperativas artesanais, materiais de construção, sapataria, padaria etc.). Em certas zonas, eles criaram sistemas de empréstimo com uma taxa de juros muito baixa. Eles zelam pelo bom funcionamento do sistema de saúde autônomo (clínicas, microclínicas e rede de agentes comunitários de saúde) e da educação autônoma. No total, têm o dever de impulsionar todos os projetos suscetíveis de melhorar a vida coletiva e se esforçam em particular para criar as condições de uma maior participação das mulheres em todos os níveis da organização da autonomia.

Assim, os zapatistas criaram notadamente seu próprio sistema educativo: eles construíram escolas primárias e secundárias, elaboraram os programas e conceberam sua organização e formaram os jovens que ali ensinam, tudo isso sem receber salário e contando com o engajamento da comunidade para cobrir suas necessidades materiais ou para ajudar quem tem sua parcela [de terra] a trabalhá-la. A educação é objeto de uma mobilização coletiva considerável, talvez a mais intensa de todas aquelas que implicam a construção da autonomia.⁵⁷ Ela engaja uma multiplicidade de atores: Conselhos de bom governo e conselhos municipais, com suas comissões encarregadas da educação, comitês locais encarregados das edificações, professores (denominados *promotores de educación*), famílias e assembleias comunitárias, diante das quais os *promotores* assumem sua "carga" e em interação com as quais as orientações educativas são continuamente debatidas. Nessas escolas, aprender faz sentido, porque a educação se enraíza na experiência concreta das comunidades como na preocupação compartilhada da luta pela transformação social, dando corpo ao "nós" da dignidade indígena tanto quanto ao "nós" da humanidade rebelde. Aí se formam jovens gerações com subjetividades inéditas e inventivas.

A autonomia zapatista é uma prática modesta, "rente ao chão", sem modelo precedente e sem pretensão de criar um mundo ideal. Ao mesmo tempo, ela não é desprovida de uma dimensão heroica, se levamos em conta as condições materiais muito precárias e o ambiente político hostil no qual ela evolui, mas também o esforço que exige da parte de populações camponesas pouco preparadas para tais exercícios. O funcionamento rotativo dos Conselhos permite desencadear uma forma de "governo coletivo" ("Todos nós fomos governo", disseram alguns de seus membros), a fim de colocar em prática o princípio zapatista do *mandar obedeciendo* (mandar obedecendo). Inversamente aos efeitos de uma concepção da política como atividade especializada, a difusão das competências políticas no corpo social é tida como a condição de um controle das autoridades,

---

57 Em 2008, era possível estimar que nas cinco zonas zapatistas, 500 escolas funcionavam, nas quais 1300 *promotores* acolhiam cerca de 16000 alunos (além dos fascículos da *"Escuelita zapatista"*, ver Bruno Baronnet, *Autonomía y educación indígena. Las escuelas, zapatistas de la Selva Lacandona en Chiapas*, México, Abya-Yala editores, Quito, 2012, assim como Bruno Baronnet, Mariana Mora Bayo e Richard Stahler-Sholk (dir.), *Luchas "muy otras". Zapatismo y autonomía en las comunidades indígenas de Chiapas*, UAM-CIESAS-UNACH, México, San Cristóbal de las Casas, 2011).

permitindo prevenir as derivas da delegação do poder e da corrupção. Ainda que seja conveniente se proteger de toda idealização, trata-se efetivamente de uma "escola de governo", pela qual as comunidades rebeldes constroem seu autogoverno e, indissociavelmente, uma realidade social nova.

O QUE FAZER (COM O ESTADO)?

Os zapatistas expressaram com constância sua recusa pela tomada de poder. Seu objetivo, explicam eles, é a "construção de uma prática política que não busca a tomada de poder, mas a organização da sociedade".[58] Para evitar um mal-entendido estéril (o temor de que eles se condenem assim à impotência), deve-se explicitar que se trata especificamente de afastar a perspectiva de uma luta, armada ou eleitoral, pela conquista do poder de *Estado*. Através dessa posição e das práticas que delas se originam, os zapatistas empreenderam uma crítica ativa de sua própria tradição política leninista. Assim, o subcomandante Marcos explica que convém se desfazer de um modelo automático do agir revolucionário: "Tínhamos que reformular o problema do poder, não repetir a fórmula segundo a qual para mudar o mundo é preciso tomar o poder e, uma vez nele, então sim, organizar o mundo como melhor lhe convém, quer dizer, como melhor convém a mim, que estou no poder".[59] No entanto, eles não desertam o campo político, e a experiência dos Conselhos de bom governo é a confirmação radiante da preocupação em construir outras modalidades de organização política. Propõe-se definir estas últimas como *formas não estatais de governo*, ou seja, formas de autogoverno nas quais a separação entre governantes e governados se reduz tanto quanto é possível.

---

[58] Citado em Jérôme Baschet, *La Rébellion zapatiste, op. cit.*, p. 66.
[59] Subcomandante Marcos, intervenção no "Rencontre intercontinentale pour l'humanité et contre le néolibéralisme", 30 de julho de 1996, EZLN. *Documentos y comunicados,* Era, México, 1997, vol. 3, p. 319.

Todavia, não é certo que a proclamação de uma eliminação integral e imediata de toda relação de poder (o que John Holloway denomina o "poder-sobre", em oposição ao "poder-fazer") seja a mais adequada, não mais do que é o ideal de uma política revolucionária perfeitamente horizontal.[60] Uma e outra parecem mal adaptadas à experiência dos Conselhos de bom governo, dos quais crê-se poder dar conta melhor colocando o princípio de uma articulação entre horizontalidade e verticalidade. O fato de que a experiência deva sua existência e sua perenidade ao EZLN, uma estrutura político-militar cuja inevitável verticalidade ninguém pretende esconder, convida à mais ampla prudência.[61] Além do mais, o princípio do *mandar obedeciendo* implica, em seu próprio enunciado, a preservação das noções de comando e de obediência, mesmo se for para subvertê-las profundamente, posto que aqueles que dirigem devem fazê-lo obedecendo àqueles que eles dirigem. Por conseguinte, essa relação paradoxal tem muito pouco em comum com o que se entende habitualmente por "comandar" ou "deter um poder". Não seria esse *poder obediente* a capacidade – ou melhor, o dever – de colocar em prática o que se escolheu coletivamente e de tomar, no seio de uma instância coletiva, decisões operacionais cuja conformidade com a vontade dos "delegantes" é o objeto de uma constante verificação?

[60] Ver John Holloway, *Changer le monde sans prendre le pouvoir. Le sens de la révolution aujourd'hui*, Syllepses-Lux, Paris-Montréal, 2007 [Em português: *Mudar o mundo sem tomar o poder: o significado da revolução hoje*, Boitempo, São Paulo, 2003]. Para o debate suscitado por este livro, além das observações expostas em Jérôme Baschet, *La Rébellion*, op. cit., p. 290-296, ver o número 6 da revista *Contretemps* e John Holloway, *Contra y más allá del capital. Reflexiones a partir del debate sobre el libro "Cambiar el mundo sin tomar el poder"*, Herramienta-Universidad Autónoma de Puebla, Buenos Aires-Puebla, 2006.

[61] A organização da autonomia é inteiramente civil e os chefes político-militares do EZLN não podem ocupar cargos. No entanto, é reconhecido abertamente que eles exercem um papel de orientação junto aos Conselhos autônomos (fascículos *Gobierno autónomo, I e II, op. cit.*), ou ainda, por vezes, uma influência indevida, e que "a parte político-militar do EZLN não é democrática, pois é um exército" (*Sixième Déclaration de la Selva Lacandona*, junho de 2005).

Essa interpretação corre o risco de ser demasiadamente idealizadora e é preferível sublinhar que o *mandar obedeciendo* não exclui a manutenção de um certo caráter vertical, visto que a existência de uma delegação de poder confere aos representantes escolhidos um papel especial na tomada de decisão. Segundo as explicações dadas pelos antigos membros dos Conselhos, a relação entre o governo e o povo funciona em via dupla: se o primeiro deve obedecer ao segundo respeitando o que foi decidido no momento da consulta das assembleias no nível da zona, das comunas e das comunidades, lhe é devido também, em certas ocasiões, fazer-se obedecer para implementar as decisões tomadas, ou ainda quando uma situação de urgência impõe uma reação rápida.[62] Além disso, os Conselhos de bom governo têm o dever de tomar iniciativas e de promover proposições para melhorar o funcionamento da vida coletiva. Esse papel de impulsão pode ser concebido como uma forma de verticalidade não autoritária, articulada à horizontalidade da consulta e da aprovação coletiva: "Nem tudo é horizontal, pois alguns devem tomar iniciativas; nem tudo nasce do povo, mas a decisão é do povo".[63] Ademais, as "cargas" não são atribuídas sem discernimento. Dois princípios contraditórios entram aqui em tensão: de um lado, afirma-se o desejo de que todos aprendam a "ser governo"; de outro, as "cargas" mais importantes são atribuídas em boa parte aos homens e às mulheres, já dispondo de uma certa experiência e tendo

---

[62] Explicação dos *"maestros"* da *"Escuelita zapatista"* (Cideci-Unitierra, agosto de 2003). Sobre essa relação de via dupla (que é também largamente transformada pelo fato de que cada um pode ser sucessivamente governado e governante), ver também: "A autoridade comanda sem dar ordens porque ela o faz obedecendo aos cidadãos... Aquele que comanda deve obedecer, mas os cidadãos devem também obedecer ao que diz a autoridade", explica um membro dos Conselhos (citado por Mariana Mora Bayo, *La descolonización de la política: la autonomía indígena zapatista frente a las lógicas de gobernabilidad neoliberal y una guerra de baja intensidad*, Ph.D. University of Austin, 2008).

[63] Explicações dadas durante a *"Escuelita zapatista"* (Cideci-Unitierra, agosto de 2003).

feito prova de sua retidão e de sua sabedoria. A resolução dessa contradição, explicitamente sublinhada na autoanálise da construção da autonomia, exige tempo e, sobretudo, uma constante invenção de procedimentos concretos favorecendo não a concentração desigual da experiência adquirida, mas sua partilha mais ampla possível.[64] Aqueles e aquelas que assumem uma função de governo são chamados pelos indígenas de "autoridades" e testemunham destes um verdadeiro respeito, embora sem distância. Não poderíamos, aliás, nos servir dessa expressão ("fazer ofício de autoridade") para dar conta de uma assimetria na participação das tomadas de decisão que não se deixa descrever nem como poder-sobre, nem como completa ausência de relações de poder?

O mais importante é, sem dúvida, compreender que, apesar das dificuldades e das limitações que podem entravar sua plena realização, o *mandar obedeciendo* implica antes de tudo uma outra concepção da delegação de poder (e do poder ele próprio). Nas concepções características da democracia representativa, o eleito acede a um *status* fortemente separado daquele de seus mandantes, seja porque a ele atribui-se um tipo de virtude superior (como encarnação da unidade da coletividade representada), seja simplesmente porque, na prática, ele se beneficia de um poder normalizado e delimitado no tempo, mas muito extenso, pois lhe cabe agir por sua própria vontade em nome do interesse comum suposto, sem que seus mandantes disponham de reais meios para controlar e modificar sua ação. Nessa concepção, aqueles que delegam sua soberania se privam dela quase inteiramente, durante um período determinado. Além do mais, a conjunção da delegação de poder e do individualismo competitivo acentua a concentração de poderes na pessoa do eleito, porque este pode se valer, ao menos implicitamente, do fato de que deve sua posição à superioridade das suas capacidades pessoais, de modo que estas justificam sua pretensão de decidir em nome dos outros.

[64] Ver *Gobierno autónomo, I e II, op. cit.*

Na experiência zapatista, pelo contrário, aquele que está investido de uma "carga" – que ele não solicitou e não aceita sem medo nem reticência – não considera ter competências superiores às dos outros membros da comunidade. No polo oposto da postura do especialista, ele assume de bom grado a posição daquele que *não sabe*, que precisa escutar e aprender com todo o povo.[65] Sobretudo, o "poder" do qual ele é investido é seriamente limitado: é um poder sob controle, exercido de maneira colegial e submetido a múltiplos processos de interação e de negociação informal com as diferentes instâncias e assembleias (nos níveis da zona, das comunas e das comunidades),[66] assim como, de maneira mais difusa, por uma conexão permanente com os

[65] As qualidades associadas ao exercício da autoridade são o oposto de uma concepção individualizada de poder: "Para ter autoridade, é preciso ser paciente, respeitoso, querer aprender e ouvir", explica um membro dos Conselhos. Aquele que dispõe de uma carga não é detentor da arte de governar, mas deve aprendê-la com o povo: "Nós somos novos, nós devemos aprender a ser autoridades. É o povo que vai nos dizer como fazer" (citado por Mariana Mora Bayo, *La descolonización, op. cit.*). Por isso, o resultado não é muito diferente daquele que se pode obter recorrendo ao sorteio para a designação dos representantes – modalidade que não se deve, talvez, desdenhar, ao menos em certas circunstâncias e sobretudo quando é necessário contrabalançar hábitos fortemente individualistas e competitivos (ver C. Douglas Lummis, *Radical Democracy*, Cornell University Press, Ithaca-Londres, 1996).

[66] O processo de tomada de decisão foi explicado assim (*Gobierno autonomo I*, completado por indicações dos "*maestros*" da "*Escuelita zapatista*"): salvo para os assuntos de justiça e as decisões muito pontuais ou urgentes, o Conselho de bom governo consulta a Assembleia geral da zona (composta por todas as autoridades municipais, representantes de cada comunidade e responsáveis dos diferentes setores de trabalho). Em certos casos, a Assembleia pode, ela mesma, indicar ao Conselho a decisão a ser tomada. Caso se tratem de projetos mais amplos ou se nenhum acordo claro for alcançado, é necessário consultar o conjunto das comunidades (pois um projeto que não foi discutido e amplamente assumido é considerado como destinado ao fracasso). Incumbe, então, aos representantes de cada comunidade conduzir a consulta em suas respectivas vilas e comunicar à Assembleia seguinte, seja um acordo, seja uma recusa, sejam emendas. Estas últimas são então discutidas e a Assembleia elabora uma proposição retificada, que é novamente submetida às comunidades. Várias idas e vindas entre Conselho, Assembleia geral de zona e comunidades são por vezes necessárias antes que a proposta possa ser considerada como aceita.

mandantes, no seio de uma realidade social compartilhada. Enfim, é particularmente chocante constatar que o funcionamento das instâncias de autogoverno apresenta uma grande fluidez: não somente ele difere, em suas modalidades, de uma zona para outra, mas, sobretudo, não cessa de se modificar, segundo uma lógica de tentativas/retificações e uma aceitação dos erros como condição de aprofundamento da autonomia, percebida como um caminho "que não tem fim".[67] É a marca de uma verdadeira experimentação, que parece perfeitamente consciente dos riscos de petrificação da institucionalidade e que se esforça para manter o caráter dinâmico do processo instituinte.

Assim, enquanto a concepção dominante de delegação de poder autoriza uma forte dissociação entre representantes e representados e concerne a capacidade de decidir em nome de todos os outros, *mandar obedeciendo* (declinado em princípios tais como "convencer e não vencer", "representar e não suplantar", "propor e não impor") supõe uma fraca dissociação entre representantes e representados e promove uma desconcentração da capacidade de decisão. Finalmente, a uma concepção forte do poder (a delegação da democracia representativa terminando em um poder-sobre, exercido em nome daqueles sobre quem ele se exerce) pode-se opor uma concepção fraca do poder (que se poderia talvez denominar autoridade): aquele ou aquela que detém um mandato ocupa certamente uma posição específica, mas seu papel é muito mais o de um pivô que multiplica a capacidade de ação coletiva e favoriza a coordenação. Assim, o caráter difracionário da autoridade, em um sistema no qual uma delegação muito parcial permite à coletividade conservar o controle de suas próprias capacidades, substitui-se aos fenômenos de cristalização do poder, ligados a uma expropriação quase integral das capacidades

---

[67] Expressão de um dos *"maestros"* da *"Escuelita zapatista"*; ver também os fascículos já citados, nos quais essas diferenças e transformações aparecem claramente, assim como o reconhecimento de erros, por vezes graves, cometidos pelas instâncias autônomas.

coletivas. Enfim, é necessário precisar que uma forma política não pode ser analisada independentemente da realidade social que ela pretende organizar: o *mandar obedeciendo* não teria nenhum sentido no contexto de um sistema caracterizado por uma brutal dissimetria social. Somente em um universo igualitário e cooperativo é possível vislumbrar que os detentores de cargos de governo sirvam e obedeçam efetivamente a coletividade. Prática política e projeto social são indissociáveis e participam conjuntamente da construção de um novo mundo da vida.[68]

Com os Conselhos de bom governo, os zapatistas não afirmam ter eliminado toda a distinção entre governantes e governados, como indica a criação de uma "comissão de vigilância" de cada Conselho (encarregada sobretudo de verificar suas contas), recurso comprovado de revogação dos mandatos. Minimamente, pelo tempo que as capacidades de participar das tomadas de decisão permanecerem desigualmente distribuídas, por falta de educação ou de experiência, parece sábio reconhecer a persistência de certas relações de poder e a manutenção de uma separação, por mais atenuada que seja, entre governantes e governados. Esta última não tem a ver apenas com a desigual participação nos processos de tomada de decisão e de resolução de conflitos, ou de maneira mais geral com o papel especial assumido pelas "autoridades", quando sua função seria justamente de coordenação e de impulsão; ela está ligada também ao fato de que a conformidade do agir dos governantes com a vontade dos governados não poderia ser nem constante, nem perfeita, tampouco submetida a um controle impecável permitindo corrigir inteiramente os defeitos. É mais razoável não pressupor entre eles uma perfeita adequação, a fim de trabalhar sem descanso para produzir os mecanismos práticos suscetíveis de preservar e amplificar a *dinâmica difracionária da autoridade*.

---

[68] N.T.: Em francês no texto, *"monde de la vie"*.

Nesse sentido, uma experiência da autonomia não vale senão o que valem os meios que ela cria para controlar as possíveis derivas do exercício do governo (notadamente quando ele coloca em jogo instâncias supralocais) e para *reduzir* sem parar o hiato entre governantes e governados (no sentido inverso de sua tendência a se consolidar). Já é considerável que o princípio do *mandar obedeciendo* se traduza pela consulta tão frequente quanto possível das Assembleias de zonas e das comunidades, pela procura de opções acordadas, por um controle das decisões tomadas e pela revogabilidade dos mandatos. Mas o mais importante é o que preserva uma especialização de tarefas políticas, uma dissociação prática entre o universo comum e a experiência daqueles que concentram, ainda que temporariamente, uma parte especial do poder de decidir ou de influenciar as tomadas de decisão. Desse ponto de vista, a rotatividade dos cargos e a ausência de remuneração daqueles que os exercem são capitais. O mundo cotidiano daqueles que assumem cargos de governo continua sendo aquele da vida compartilhada das comunidades e da não separação dos universos da vida e das práticas, que constituem o coração do *mandar obedeciendo* e das formas de exercício do governo autônomo. É assim que os zapatistas empreenderam "dispersar o poder".[69] Eles não pretendem que ele tenha magicamente desaparecido, mas lutam praticamente contra sua tendência em permanecer ou tornar-se de novo cada vez mais concentrado.

AUTOEMANCIPAÇÃO E AUTOGOVERNO

Por mais distante que pareça o desenrolar da experiência zapatista e por mais modesta que possamos julgá-la, não se pode negar sua importância. Em Chiapas, pessoas comuns, simples cultivadores de milho e de café, começaram a governar por si mesmos. Talvez dir-se-á que eles são culturalmente dotados de uma ética

[69] Raúl Zibechi, *Disperser le pouvoir. Les mouvements comme pouvoirs anti-étatiques,* Le Jouet enragé et L'Esprit frappeur, Paris, 2009.

comunitária e que seu universo não tem a complexidade das sociedades modernas. Mas, de qualquer modo, não se trata de importar essa experiência para um universo capitalista que não queremos mais, e seria perfeitamente absurdo convocar a autonomia para gerirmos nós mesmos o desastre que esse universo criou. O tipo de organização política que se descreve aqui seria evidentemente incapaz de garantir o funcionamento do sistema mundial atual, que se empenha em multiplicar os problemas insolúveis. Eis, aliás, uma das grandes armadilhas da qual é urgente se desvencilhar: é tão vão quanto mortífero perder tempo buscando soluções para os quebra-cabeças que assolam a sociedade capitalista quando se trata de construir um mundo no qual a maior parte desses problemas terão deixado de se colocar. A questão aqui é a construção de um projeto de emancipação, de uma forma de vida coletiva na qual os desafios de governo seriam levados a uma escala infinitamente mais comedida.

"Eles têm medo de que nós descubramos que *somos capazes de governar por nós mesmos*": a lição, pronunciada por Eloisa, "*maestra*" da "*Escuelita zapatista*", é simples, mas suficiente para arruinar os fundamentos do Estado e da representação política moderna (assim, para Hegel, é próprio do povo não estar em condição de se autogovernar).[70] Com efeito, a representação política moderna

[70] Para Hegel, é enquanto aparelho separado, fundado sobre a sabedoria da administração e sobre a competência de seus funcionários, que o Estado pode pretender à realização do Universal: "O povo (...) constitui a parte que não sabe o que quer. Saber o que se quer (...) é fruto de um conhecimento e de uma inteligência profundos, que justamente não são o que caracteriza o povo (...) os funcionários superiores possuem necessariamente uma inteligência mais profunda e mais vasta da natureza das instituições e das necessidades do Estado, e, além do mais, uma habilidade e um hábito maiores de seus negócios", *Philosophie du Droit*, 301, citado por Éric Weil, *Hegel et l'État*, Vrin, Paris, 2002 (1ª. edição, 1950), p. 65 [Em português, *Hegel e o Estado*, É Realizações, São Paulo, 2011], que conclui que Hegel "analisa corretamente o Estado real de sua época e da nossa". Sobre a crítica de Marx a essa concepção que atribui ao Estado o privilégio de ser o único agente da Razão, ver Miguel Abensour, *La Démocratie contre l'État. Marx et le moment machiavélien*, Le Félin, Paris, 2004 [em português, *A democracia contra o Estado. Marx e o momento maquiaveliano*, Editora da UFMG, Belo

tende menos ao fato da delegação do poder do que a uma dicotomia postulada entre o povo, cuja incapacidade de governar impõe que se recorra a representantes esclarecidos, e uma elite de competência que, na prática, concentra o poder de decisão. A hipertrofia do aparelho burocrático não faz senão acentuar o processo, reconduzindo o essencial da capacidade de decidir para as mãos de uma casta de tecnocratas. Tendo por missão conter a conflituosidade social através de um efeito de neutralidade (e, em alguns momentos históricos particulares, da procura de certos reequilíbrios necessários), o Estado é essa máquina de produzir e de amplificar a separação entre governantes e governados. Hoje, ainda, e contra todas as evidências, o bom senso insiste em nos convencer do irremediável afastamento entre a incapacidade de pessoas quaisquer (vocês e eu) e a ciência esclarecida dos *"experts"* e de outros especialistas da política. E, portanto, não é mais o tempo de preconizar uma democracia participativa que, pela virtude de algumas doses homeopáticas de boa vontade popular, viria conferir um semblante de vitalidade a uma democracia representativa fossilizada. Trata-se de dar à palavra democracia o sentido radical sem o qual ela continuará a soar no vazio: fazer da democracia o poder do povo, não somente pela origem da qual ela procede, mas no seu próprio exercício.[71] O autogoverno é a forma encontrada pela democracia radical, que nada mais é do que um outro nome da autonomia, tal como a entendemos aqui.

Horizonte, 1998]. Notemos que se encontra igualmente em Kant a concepção do Estado como encarnação de um Universal colocado *a priori*, abstratamente e não a partir da experiência.

71 Ver C. Douglas Lummis, *Radical Democracy, op. cit.* e Gustavo Esteva, "Otra mirada, otra democracia", intervenção no Festival de la Digne Rage, San Cristóbal de las Casas, janeiro de 2009; publicado em *Tiempo de los pueblos* (Bolívia), 2, 2009. O princípio segundo o qual nós somos capazes de nos governar coincide com a maneira como Jacques Rancière define a democracia, como "poder próprio daqueles que não têm mais título para governar ou para serem governados" (*La Haine de la démocratie*, La Fabrique, Paris, 2005, p. 48) [Em português, *O ódio à democracia*, Boitempo, São Paulo, 2014].

A propensão do Estado moderno a separar governantes e governados pode ser medida por um de seus sintomas, que atinge, em nossos dias, os cumes da intensidade: o desprezo com o qual os primeiros sobrecarregam os segundos. Ele é a expressão do fato de que o exercício do poder conferido no quadro da democracia eleitoral consiste essencialmente em adotar a postura do *expert* esclarecido que impõe medidas que as pessoas não querem, até mesmo em nome de seu próprio bem, e que sua incompetência as faz ignorar. Nos antípodas desse desprezo, marca do afastamento entre o discernimento propagandeado pelos governantes e a suposta cegueira dos governados, uma democracia radical de autogoverno deve repousar sobre o princípio de uma dignidade compartilhada. A dignidade é, ademais, uma das instâncias essenciais da luta, tal como a concebem os zapatistas. Ela não é, para eles, nem uma qualidade intrínseca do ser, nem uma essência. Ela se adquire na resistência, no combate contra tudo o que a nega, contra todas as formas de discriminação e de humilhação. Não há dignidade em si: a dignidade é uma ponte, um olhar – olhar do outro para mim, de mim para o outro a imagem do olhar do outro no meu próprio olhar. A dignidade não se fecha em uma definição identitária, ela é relação e partilha.

Essa dignidade reafirmada está no fundamento do autogoverno e, mais largamente, em todo o processo de autoemancipação.[72] Claro, existe uma outra atitude, que os zapatistas não param de fustigar sob o nome de "síndrome do evangelizador": há tantas boas almas, repletas das melhores intenções do mundo, que estão prontas para voar em socorro desses pobres índios, certas de saber como salvá-los de sua miséria.[73] É em oposição a essa política da compaixão, onipresente na era do humanitarismo,

---

[72] É nesse nó entre dignidade/capacidade e democracia (radical) que podemos esclarecer o sentido conferido aqui à noção de autonomia: ela expressa uma concepção da emancipação fundada no reconhecimento da capacidade dos próprios sujeitos, de onde provém uma concepção do político que substitui a centralidade do Estado pela construção do autogoverno dos coletivos humanos.

[73] Sous-commandant Marcos, *Saisons de la digne rage, op. cit.*, p. 186.

que convém fazer da dignidade compartilhada o fundamento de uma luta pela autoemancipação, sem messias e sem guias, o fundamento também de um autogoverno sem especialistas e sem Estado. É por isso mesmo que os zapatistas puderam conduzir com um passo único a crítica da tomada de poder do Estado como objetivo central da ação revolucionária e da noção de vanguarda, que estava igualmente no coração de sua própria tradição política. Eles acrescentaram ainda a crítica de uma concepção sacrificial da luta política que completava a separação entre dirigidos e dirigentes, entre governados e governantes, aquela dos meios e dos fins. Da consciência de que não se poderia lutar contra a alienação com formas alienadas provém notadamente um discurso político inventivo e ancorado na subjetividade, que desafia o espírito de seriedade, mistura a poesia e o gosto pela festa, o humor e a autoderrisão.[74] Tratando-se da noção de vanguarda, não há como negar que certos grupos ou indivíduos possam lançar proposições das quais outros acharão judicioso se apropriar. A questão tem a ver unicamente com o status das *organizações* reivindicando uma posição de vanguarda e fundando sobre esta a sua pretensão em dirigir o movimento. De fato, mesmo que a concepção inicial do partido, em Marx por exemplo, não fosse de modo algum esta, tal postura permitiu em seguida instituir o Partido (na realidade seu núcleo dirigente) como detentor exclusivo da essência revolucionária do proletariado que ela deveria representar. Hoje seria prudente, como sugerem os zapatistas, recusar toda postura vanguardista, porque ela foi historicamente o meio pelo qual organizações reivindicando para si a autoemancipação dos trabalhadores puderam operar sistematicamente para a negação desse princípio.

Afirmar a dignidade compartilhada pelos atores da transformação social é arruinar com um só golpe as pretensões de todas as vanguardas e de todos os aparelhos de Estado a serem

---

[74] No sentido propriamente político que se pode atribuir à insólita fala zapatista, ver *ibid*. ("Présentation", p. 34-41).

apropriados, sob o exterior da representação legítima, de um poder separado. É abrir o caminho para uma prática efetiva do autogoverno e assumir plenamente que não há emancipação verdadeira que não seja autoemancipação. Finalmente, o que a experiência zapatista nos convida a redescobrir por nossa própria conta está contido neste princípio tão elementar quanto decisivo: nós somos capazes de nos governar.

A AUTONOMIA COMO FORMA POLÍTICA GERAL

A autonomia, da qual pode-se fazer um princípio da ação individual e coletiva, demanda algumas precisões.[75] O termo designa literalmente o fato de dar a si mesmo suas próprias normas, ou ainda de se organizar por si mesmo. Na prática, a autonomia é a reivindicação de uma coletividade que recusa a imposição de uma normatividade sentida como externa, a fim de fazer prevalecer as regras que ela dá a si própria. Entendida nesse sentido, a autonomia combina uma caráter negativo (se subtrair à imposição) e um caráter positivo (afirmar suas próprias regras). Mas isso não diz quase nada sobre sua natureza efetiva, que depende das regras que ela adota e da relação entre essas últimas e aquelas cuja imposição ela recusa. Pode-se ver então que existe uma ampla gama indo das autonomias integradas, cujas normas se distinguem fracamente daquelas às quais elas se subtraem (apesar do fato de controlar por si mesma a aplicação), a autonomias antagonistas cujas regras marcam uma forte separação com relação àquelas que elas recusam. Pode-se também distinguir autonomias inconsequentes, que recusam uma dominação imposta de fora, e autonomias consequentes, que excluem a imposição vinda de fora para melhor afastar as formas de dominação que poderiam existir em seu seio. Pode-se enfim opor

---

[75] Para um panorama das significações desse termo (tanto nas tradições marxistas e libertárias como do ponto de vista das lutas indígenas), assim como para um dos debates recentes que ela incita, ver notadamente *Pensar las autonomias. Alternativas de emancipacíon al capital y al Estado*, Sísifo-Bajo Tierra, México, 2011.

autonomias fechadas, ou mesmo segregacionistas, fundadas em uma lógica identitária que instaura uma fronteira ontológica entre a coletividade autônoma e o mundo ao redor, e autonomias abertas, que consideram as relações com as outras coletividades como uma condição de sua própria existência social. Não se pode, pois, julgar uma experiência de autonomia sem perguntar: autonomia com relação a quê? Autonomia para que, para qual projeto social?

A autonomia zapatista não é um simples projeto local (ou regional), nem mesmo especificamente destinado aos povos indígenas. Sendo ao mesmo tempo levante indígena em busca de autonomia, luta de libertação nacional e rebelião pela humanidade e contra o neoliberalismo, o movimento zapatista entrelaça estreitamente as perspectivas intranacional, nacional e internacional. É a articulação dessas diferentes escalas que permite afastar os perigos que cada nível, tomado isoladamente, poderia comportar, a saber, o etnicismo essencialista, o nacionalismo intolerante e o universalismo abstrato que termina por ser um instrumento de negação das diferenças reais entre as mulheres e os homens que compõem a humanidade. Apesar de ser conduzida pelas comunidades indígenas apoiando-se em uma especificidade histórica e cultural negada, a experiência zapatista interpela o conjunto da população mexicana e se dirige também "a todos os povos do mundo". Na verdade, ela pretende escapar do poder de seu inimigo declarado, o capitalismo, ao qual opõe um projeto de emancipação social e uma experiência de autogoverno. Trata-se de uma autonomia consequente e fortemente antagonista, e não é surpreendente que tenha precisado, para se manter, fazer frente a ameaças permanentes e a dificuldades extremas. Pode-se qualificá-la de *autonomia rebelde*[76] (ou antissistêmica), o que indica claramente que um tal projeto não tem nada a ver com a dimensão institucional da autonomia, entendida como simples descentralização dos poderes de Estado.

---

[76] É exatamente assim que se definem as comunas autônomas, cujo nome completo é *"municípios autónomos rebeldes zapatistas"*.

Pensou-se, até o momento, a partir de um sistema existente do qual a autonomia permite arrancar faculdades legais (nas autonomias integradas ou sistêmicas), ou até espaços de liberdade (nas autonomias antagonistas). Devemos agora nos colocar na perspectiva mais ampla de um projeto de emancipação. Com efeito, é possível estender o alcance da noção de autonomia para fazer dela o princípio de uma organização coletiva generalizada, que não teria mais que se dissociar de um sistema dominante hostil. Enquanto princípio consistindo a dar a si mesmo suas próprias normas, a autonomia implica antes o reconhecimento da autonomia individual (e a confiança nas capacidades de cada um), mesmo se não se trata de maneira alguma de considerar a existência singular fora das relações interpessoais que a constituem e a tornam possível. Ela consiste sobretudo em reconhecer às comunidades elementares de vida e de produção a faculdade de se auto-organizar. É a comuna, unidade local na qual várias comunidades de vida e de produção se encontram associadas, que deveria constituir a entidade essencial da coordenação coletiva e o quadro de um autogoverno radicalmente democrático. Não há razão para entrar na questão dos modos de organização desse autogoverno que, por princípio, provém da autonomia de cada comuna, e do qual os zapatistas dão um exemplo entre outros possíveis.

Esse esboço não poderia encontrar plenamente o seu sentido senão no contexto de uma sociedade pós-capitalista da qual se evocarão os traços possíveis no capítulo seguinte. Esse mundo de igualdade e do comum convida a dispor o primado das tendências à cooperação em vez da estrita defesa do interesse próprio (sem negar os conflitos eventuais que podem nascer das manifestações deste último). É nesse espírito que as comunas serão levadas a se associar em um nível regional, a fim de tomar decisões de interesse compartilhado, regular produções e trocas, resolver eventuais litígios. Um Conselho de representantes das comunas poderia estar encarregado dessas tarefas, como é o caso dos Conselhos de bom governo zapatistas. Sem que tenhamos que definir de antemão suas configurações, é provável que instâncias de decisão situadas em escalas mais amplas (nacionais, se esse quadro for julgado pertinente; continentais ou subcontinentais; e mundial) se mostrarão igualmente necessárias, por exemplo, para assegurar transporte e comunicação de longa distância, ajustar a produção de certos bens, compensar os desequilíbrios regionais e, mais do que tudo, zelar pela preservação da biosfera.

Qual pode ser o bom equilíbrio entre a autonomia das entidades locais e os mecanismos de organização supralocais? Só a prática poderá estabelecê-lo, em função das situações efetivas e através dos processos de tentativas e de retificações. Notemos apenas que um Conselho de representantes das comunas é por natureza um lugar de mediação entre interesses específicos e busca das melhores soluções para todos (é escusado dizer igualmente que as comunas representadas assumem as decisões, mesmo quando entram em contradição com seu próprio ponto de vista). Além disso, sendo o controle democrático das instâncias mais problemático quanto mais se afasta do nível local, deve-se reafirmar o imperativo de uma ampla circulação dos mandatos (curtos, não renováveis e revogáveis) e o primado de uma outra concepção da delegação, conferindo uma autoridade fracamente concentrada e um cargo entendido como serviço e como pivô da ação coletiva, sobre a base de uma vida compartilhada com os coletivos representados. Deve-se juntar a isso a consulta frequente destes últimos, a experimentação de diversos mecanismos de controle, a fim de tornar efetiva a possibilidade da revogação, sem esquecer um possível recurso ao referendo, para que as decisões maiores sejam tomadas pelo conjunto da população concernida. É também por isso que importa limitar tanto quanto possível as tarefas que incumbem às instâncias dos níveis mais amplos. Se é provável que as decisões relativas às produções pesadas e aos serviços de comunicação serão, sobretudo, de responsabilidade do nível suprarregional ou nacional, as instâncias continentais e mundiais deveriam poder concentrar seus esforços na coordenação dos grandes sistemas de comunicação e especialmente na vigilância ecológica cujas injunções se imporão a todos os níveis do autogoverno.

Em suma, trata-se de conceber uma forma de organização política fundada na autonomia das comunas locais e sobre sua capacidade de se federar, em um encaixe de diferentes escalas de organização da vida coletiva. Mesmo se sua participação nos Conselhos regionais e suprarregionais implica assumir uma construção cooperativa do bem comum, as entidades locais constituem a base e o coração de uma tal organização, o que é possível na medida em que os modos de produção de bens e de serviços privilegiem sistematicamente a autoprodução e os circuitos mais curtos possíveis entre produtores e consumidores (apesar da preservação de certas produções destinadas a um uso suprarregional). Consequentemente, esse mundo não constitui nem uma coleção de células locais autárquicas, nem um sistema abstratamente mundializado a partir de uma estruturação centralizada. Ele não pode se construir nem fechando-se em um localismo asfixiante, nem pela demonstração de força de um universalismo abstrato. Partir das entidades autônomas elementares permite restaurar o sentido dos lugares e de suas especificidades que a lógica de deslocalização própria à sociedade de mercado tende a fazer com que desapareça. Trata-se de reconhecer a dimensão do *estar aqui* como dimensão intrínseca da existência humana. Mas essa parte localizada da existência e da vida social não ignora de maneira alguma o cuidado com o bem comum. Simplesmente, ela impõe construí-lo procedendo por mediações sucessivas, de baixo para cima (lógica do concreto, constitutiva da autonomia), mais do que recorrendo a uma instância superior unificadora, que o imporia de cima para baixo (lógica da abstração, constitutiva da forma-Estado). Ela não poderia dessa forma excluir o desejo de se mover, de ir ao encontro dos outros mundos que habitam o mundo. Tudo o que vale em uma experiência vital inscrita nesses lugares próprios deve ser ao mesmo tempo pensado – e pesado – segundo uma perspectiva supralocal, notadamente porque a vida implica a consciência das interdependências ecológicas, que é também a consciência de um destino compartilhado da humanidade inteira. Trata-se, então, de combinar e equilibrar diferentes escalas de pertencimento, desde a comunidade local até a comunidade planetária, sem que o encaixe dessas diferentes escalas de cooperação exclua a proliferação de conexões transversais entre comunas ou regiões, ao sabor das afinidades ou dos desejos de trocas específicas. Um tal mundo supõe a conjunção de um regime de autonomias locais como fundamento de uma vida social autogovernada e de uma rede planetária, recorrendo à interconexão cooperativa das entidades de vida.

NÓS ESTAMOS HABITUADOS DEMAIS a tomar o Estado como a única forma possível de interesse comum. Todas as tendências dominantes da modernidade política se esforçaram para nos convencer disso: o liberalismo, cujos debates internos consistem em fazer variar o modo de acoplamento do binômio Estado-nação/economia de mercado; o reformismo social-democrata de inspiração keynesiana que acentua o papel de motor e de contrapeso atribuído ao Estado e vê hoje nele a última muralha contra a ofensiva do todo-mercantil; os movimentos revolucionários que não reivindicaram o marxismo a não ser para associá-lo ao leninismo. Em todos esses casos, o povo que delegava sua soberania ao Estado tornou-se uma ficção e ao aparelho estatal atribuiu-se o monopólio da capacidade de definir (abstratamente) o interesse geral. Pode-se estimar que as experiências revolucionárias do século XX foram majoritariamente vítimas de uma "subestimação do Estado como instrumento determinante da revolução social", segundo a judiciosa análise de Karl Korsch.⁷⁷ Além disso, o estado-centrismo e a incapacidade de ultrapassar um modo de produção fundado no trabalho assalariado e sua exploração (em nome da construção de um Estado que não tinha nada de socialista a não ser o nome) mostraram-se intimamente ligadas. O processo revolucionário foi assimilado à tomada de poder do Estado e à *conduta estatizada* da economia e da sociedade, acarretando uma monopolização acentuada da capacidade de definir o interesse geral, assim como o uso cada vez mais concentrado e menos democrático do poder de agir em seu nome. Pode-se tomar o binômio partido de vanguarda e poder de Estado por um resultado maior das derivas das revoluções fracassadas do século XX.

Haveria então uma certa sabedoria, se quisermos reavivar o projeto de um mundo liberado da tirania da mercadoria sem por isso ser condenado a uma sujeição não menos bárbara em procurar um caminho de um outro modo de constituição do bem comum. É este outro caminho que os zapatistas sugerem explorar, recusando a ideia de um partido ou de uma organização de vanguarda, renunciando à perspectiva da conquista do poder de Estado e lançando a construção de formas não estatais de autogoverno. A tentativa está certamente longe de ser inédita. Na Europa do início do século XX, a reapropriação da capacidade de se autogovernar tinha tomado a forma dos conselhos operários e camponeses (mas também de quarteirões, cidades e regiões). Na Rússia, em 1905, e mais tarde entre fevereiro e outubro de 1917, os sovietes adquiriram uma força crescente e assumiram quase todas as funções de governo, antes de serem pouco a pouco desapossados pelo executivo bolchevique.⁷⁸ Nós os encontramos em seguida na Alemanha, na Hungria e na Itália, entre 1918 e 1923, depois na Catalunha e em Aragão, em 1936-1937. Ademais,

---

77 Karl Korsch, *Marxisme et contre-révolution dans la première moitié du XXe siècle*, Le Seuil, Paris, 1975.
78 Anton Pannekoek, *Les Conseils ouvriers*, Spartacus, Paris, 1982.

O conselhismo, teorizado por Anton Pannekoek, já estava em germe no seio da Associação Internacional dos Trabalhadores, nos anos de 1860. Apesar de sua brevidade e seu fracasso sangrento, a experiência da Comuna de Paris, aplaudida igualmente por Marx e Bakunin, havia dado o exemplo. Sabe-se da lição que o primeiro extraiu dela, não sem atrair as zombarias do segundo, que preconizava desde longa data a "organização da sociedade através da livre federação de baixo para cima".[79] Para Marx, a classe trabalhadora "não pode se contentar em tomar tal qual o aparelho de Estado e de fazê-lo funcionar por sua própria conta"; ela deve "destruí-lo" e estabelecer um regime de autonomia municipal a fim de "restituir ao corpo social todas as forças até então absorvidas pelo Estado parasita que se alimenta sobre a sociedade e paralisa o seu livre movimento".[80] Tais experiências e advertências têm ainda mais valor hoje, em vista dos descaminhos aos quais o fetichismo do Estado conduziu os esforços revolucionários do século XX.

É tempo de libertar os projetos de emancipação de sua submissão à forma estatal. É tempo de admitir que a construção do bem comum não está necessariamente atrelada a se encarnar no Estado. Trata-se de renunciar a uma concepção do político fundada na potência de entidades abstratas e unificadoras (o Estado como expressão do Universal, o Partido como encarnação da

---

[79] Mikhail Bakunin, *Théorie générale de la révolution*, Les Nuits Rouges, Paris, 2001.

[80] Karl Marx, *La guerre civile en France*, Éditions ouvrières, Paris, 1957 [Em português: *A guerra civil na França*, Boitempo, São Paulo, 2011]. Uma passagem do esboço de *Adresse sur la Commune* é ainda mais clara: "A Comuna não fora uma revolução contra uma forma qualquer de poder de Estado, legitimista, constitucional, republicana ou imperial. Ela fora uma revolução contra o *Estado* como tal, contra esse aborto monstruoso da sociedade; ela fora a ressurreição da autêntica vida social do povo, realizada pelo povo", citado por Maximilien Rubel, *Marx critique du marxisme*, Payot & Rivages, Paris, 2000, p. 97. Notemos que Marx sublinha ao mesmo tempo o caráter de classe do Estado e sua evolução como órgão separado que se torna "independente em relação à sociedade" e se comporta como "mestre desta" (*La Guerre, op. cit.*, p. 17-18).

classe trabalhadora etc.) para fazer prevalecer formas políticas partindo da capacidade de fazer e decidir de cada um, ancoradas na multiplicidade concreta dos coletivos de vida. A forma política da emancipação, que se pode denominar autonomia ou democracia radical, supõe a experimentação de um autogoverno permitindo impedir sua cristalização em uma instância estatal separada.[81] De fato, não existe forma política pura, preservada pela natureza do risco de reconstituição de uma separação entre governantes e governados, e não há, pois, nenhuma fórmula institucional acabada da autonomia. Esta última não poderia ser senão uma construção sem fim, uma luta sem descanso contra o que poderia negá-la e um esforço permanente para resolver os litígios que atravessam o comum. Mas, ao menos, é preciso inverter as condições de uma desapropriação programada do povo soberano e reconhecer uma dignidade compartilhada que confere às pessoas comuns que somos a capacidade de nos governarmos. Pode-se então substituir as representações do Estado, que ensinam a pensar do alto e abstratamente, por um olhar que parta de baixo, da realidade concreta dos coletivos, de sua capacidade de se autogovernar e de se abrir à pluralidade dos mundos da qual a rede planetária é tecida. É pela cooperação das dignidades e das autonomias locais que o bem comum pode enfim começar a se construir.

---

[81] Miguel Abensour sublinha a oposição entre o Estado e a democracia verdadeira (fundada no "princípio de autofundação contínua") e insiste sobre a necessidade de construir uma comunidade política antiestatal; ver *La démocratie contre l'État, op. cit.*, bem como *Pour une philosophie politique critique*, Sens & Tonka, Paris, 2009.

CAPÍTULO III
A SOCIEDADE LIBERADA DA ECONOMIA

Se a tua revolução não sabe dançar, não me convide para a tua revolução.

Declarações transmitidas pelo Subcomandante Marcos.[82]

---

[82] Sous-commandant Marcos, *Saisons de la digne rage, op. cit.*, p. 48-49. Ele indica ter ouvido essa frase na ocasião de um encontro organizado em Chiapas, depois da boca de um chefe indígena do norte do México. A sentença é próxima da célebre "*If I can't dance, I don't want to be part of your Revolution*", atribuída a Emma Goldman (mesmo que se trate de uma adaptação posterior a partir de um episódio transmitido na sua autobiografia, *Living My Life,* Alfred A. Knopf Inc., Nova Iorque, 1931).

É TEMPO DE REABRIR O FUTURO. Isso só é possível sob a condição de lhe conferir um modo de existência inédito, de elaborar um novo regime de futuridade [*futurité*]. Trata-se de escapar do presente perpétuo próprio ao capitalismo pós-moderno, que dissolve toda alternativa e nos condena ao "NO FUTURE" da chapa de chumbo neoliberal, mas não é menos necessário romper com o futuro pré-fabricado da modernidade, construído sobre as certezas do progresso e da fé no inelutável acontecer dos radiosos amanhãs. O futuro deve ser assumido na sua indeterminação e imprevisibilidade, mas não é menos pensável, imaginável, em sua própria abertura, carregada tanto de ameaças quanto de esperanças.

É tempo de despertar o futuro, de reanimar nosso desejo de futuro. O impulso utópico é indispensável para nutrir a ação presente e lhe conferir seu pleno vigor. Sem a imaginação de um mundo pós-capitalista possível, necessário e urgente, a luta anticapitalista não teria praticamente nenhum sentido. No entanto, não se trata de forma alguma de anunciar uma nova profecia, nem de concluir um dos programas cujas vanguardas autoproclamadas e pretensamente esclarecidas pelas leis da História tinham, outrora, o segredo. Não está em questão patentear os planos de uma cidade ideal, descida do céu e com as chaves nas mãos. Nenhum caminho é traçado de antemão. Os processos de emancipação são e serão a obra dos homens e das mulheres de todos os cantos do planeta e daí nascerá um mundo ainda impensável e profundamente diverso: um mundo feito de múltiplos mundos. Seria, pois, absurdo pretender definir o que será o mundo pós-capitalista, porque seu processo de formação implica a combinação imprevisível de múltiplas dinâmicas de construção coletiva. O que se pode, desde o presente, entrever do porvir não poderia, de forma nenhuma, ser tomado como um modelo que alguns poderiam tentar impor ou utilizar para atribuir-se a missão de guiar os outros em nome de sua presciência da Terra prometida.

E, portanto, convém começar a imaginar um depois da sociedade de mercado, pois nosso apetite de futuro aumenta nossa cólera face à miséria do presente e multiplica nossa energia para a ação. Além disso, o imaginário utópico não avança no vazio, nem nasce só da nossa sede de justiça, de dignidade e de fraternidade. Ele bebe em quatro fontes principais. Ancora-se, em primeiro lugar, na nossa recusa tão visceral quanto racional da opressão capitalista e da expropriação mercantil, estando ao mesmo tempo atento ao que, nesse triste presente, poderia ser carregado de potencialidades libertadoras. Ele se fortalece em contato com as experiências de construção, como aquela sobre a qual se falou no capítulo precedente e que são ainda fragmentos, frágeis, mas tão preciosos, de um futuro já presente. Também, ele se alimenta, sem por isso isentá-los de toda análise crítica, do conhecimento das sociedades tradicionais não capitalistas e das formas de vida que até hoje puderam resistir, em parte, à imposição das normas da modernização e da mercadoria. Enfim, ele deve submeter as experiências históricas nascidas do desejo de emancipação a uma avaliação tão lúcida quanto for possível. O imaginário utópico não vaga no céu puro dos desejos absolutos; ele se reconstrói a partir de formas sociais existentes, da experiência e da compreensão de suas tensões constitutivas, e primeiramente *contra* aquelas que nós recusamos. O futuro que está para ser aberto não poderia ser colocado em jogo de maneira abstrata, mas somente a partir de e em oposição às características constitutivas do sistema capitalista, apoiando-se ao mesmo tempo, de maneira crítica, nas formas sociais em parte preservadas da lógica mercantil, que existem ainda hoje ou que começam a emergir. Partindo de uma realidade historicamente situada, o imaginário utópico ganha em força, expondo simultaneamente seu caráter necessariamente limitado. Trata-se também, no melhor dos casos, de propor alguns princípios elementares, submetidos à discussão e fadados a serem ultrapassados na dinâmica dos processos coletivos de emancipação. Uma só coisa importa verdadeiramente:

mensurar as potencialidades abertas pela destruição do mundo da destruição e esboçar um *espaço de possibilidades* que tenha, em seu seio, lugar para uma pluralidade de mundos.[83]

É tempo de parar de afirmar que nós não dispomos de nenhum imaginário alternativo para opor ao presente capitalista. No entanto, despertar o futuro não implica traçar de antemão o caminho. Trata-se somente, mas não sem urgência, de reavivar nosso desejo de nos colocarmos a caminho e de nos carregarmos de energia para empreender a viagem. Convocar o imaginário utópico não implica se entregar a um exercício escolar em busca de uma perfeição destinada a permanecer como um *hors-lieu* sem relação com a ação presente. Não há nenhuma contradição entre o desejo de começar a agir desde agora e a necessidade de estender o olhar em direção ao horizonte do mundo pós-capitalista que é nossa esperança. Melhor, começar a sonhar e a debater coletivamente sobre o que nós queremos construir é parte integrante do caminho. Um caminho que se faz caminhando e que se caminha questionando, repleto de uma energia que nos move para o que ainda não existe.

A BASE MATERIAL DA SOCIEDADE PÓS-CAPITALISTA JÁ EXISTE

O aumento atual da produtividade, notadamente industrial, é vertiginoso, e certas pessoas calculam que muito em breve, um quinto da população ativa poderia ser o suficiente para garantir o conjunto da produção mundial de bens e de serviços.[84] Mas, no seio do sistema capitalista, as exigências do lucro e as necessidades da competição a todo custo impedem que se oriente esses ganhos de produtividade para uma redução do tempo de trabalho. O desemprego massivo tornou-se uma característica estrutural,

---

[83] É essa *abertura* de possíveis múltiplos, a partir do esboço de lineamentos mínimos, que importa, ao contrário de uma utopia *normativa* que pretenderia fechar o porvir em um *corpus* de normas suscetíveis de totalizar de antemão o destino coletivo.
[84] Ver *supra*, capítulo 1.

garantindo uma relação de forças favorável ao capital, que lhe permite impor condições de trabalho degradadas e generalizar um modo de gestão das populações pelo medo da desintegração social e pela introjeção dos mecanismos de autoadaptação competitiva. A sujeição crescente da humanidade inteira ao ídolo Trabalho impõe a distribuição desigual deste último entre uma porção cada vez mais minoritária de beneficiários de empregos formais, uma maré em ascensão de empregos informais e uma franja condenada à mácula da exclusão do trabalho. E isso no exato momento em que as condições técnicas da produção autorizam a pensar numa radical liberação do trabalho. Não pela possibilidade de liberar *o* trabalho (do parasitismo do capital), mas aquela, diversamente fundamental, de se liberar *do* trabalho.

Imaginar um mundo pós-capitalista consiste em apreender, em todas as suas dimensões, o que pode ser uma sociedade desembaraçada da lógica do valor, da produção-para-o-lucro e do trabalho-para-a-sobrevivência. Isso supõe notadamente – é preciso tomar de fato as coisas por um lado – vislumbrar uma outra lógica social fundada sobre um princípio de desespecialização generalizada das tarefas, e isso como o oposto da tendência à divisão do trabalho, que certamente não nasceu com o capitalismo, mas que este levou a um grau nunca antes alcançado.[85] Abrir o caminho para *uma sociedade da desespecialização geral*, na qual as esferas de atividades exploradas por cada um se multipliquem no lugar de se restringirem, como hoje, em nome da eficácia suposta das "especialidades", implica antes *uma revolução do tempo*, a qual associa transformações dos usos práticos do tempo e mutações subjetivas.

---

[85] A acentuação da divisão do trabalho está, antes, ligada à radicalização do corte entre a própria esfera do trabalho e o resto da vida. Como sublinhou Karl Polanyi, "separar o trabalho das outras atividades da vida e submetê-lo às leis do mercado, foi eliminar todas as formas orgânicas de existência e substituí-las por um tipo de organização diferente, atomizada e individual" (*La Grande Transformation. Aux origines politiques et économiques de notre temps*, Gallimard, Paris, 1983, p. 220 [Em português: *A grande transformação. As origens da nossa época*, Campus, Rio de Janeiro, 2000]).

Para dar consistência a essa revolução do tempo, basta começar a enumerar os domínios de produção de bens e de serviços cuja existência atual se sustenta pela lógica da sociedade mercantil, da dupla necessidade de fazer crescer sem cessar a produção-para--o-lucro e de reproduzir a organização sociopolítica que a torna possível. Ousemos, pois, cortar na raiz e mensurar a amplitude dos setores que, em uma sociedade não mercantil, preocupada, ademais, por afastar toda separação entre governantes e governados, se tornariam perfeitamente supérfluos. Pode-se eliminar sem hesitar todo o pessoal militar e policial, em seguida os bancos, o sistema financeiro e as seguradoras (estas últimas pesam sozinhas hoje 15% do PIB mundial), sem se privar do prazer de acrescentar a publicidade e o *marketing* (que absorvem 500 bilhões de gastos anuais, ou seja, quase um terço dos orçamentos militares mundiais). Finalmente, o princípio de um autogoverno em todos os níveis, tal como sugerimos no capítulo precedente, condenariam o conjunto das burocracias nacionais e internacionais a uma completa inutilidade.

Segmentos consideráveis do aparelho industrial serão abandonados, começando pela produção de armas e de equipamentos militares. Os imperativos ecológicos e a afirmação da agricultura camponesa tornarão caduca uma grande parte da indústria química (notadamente o esmagador setor agroquímico), como biotecnologias fortemente contestadas (transgênicos, no caso). O setor agroalimentar, exemplo típico de uma mercantilização perversa das formas de produção, desaparecerá, em benefício de uma valorização da autoprodução e dos circuitos locais de produção/consumo. Como evocaremos mais adiante, muitos outros setores industriais serão objeto de uma redução notável de sua atividade. Sem apurar mais a análise, vê-se que cada abandono de produção de bens e de serviços terá efeitos multiplicadores importantes, pois as necessidades de edifícios (escritórios, instalações industriais), de materiais e energia, infraestrutura e transporte, se encontrarão proporcionalmente reduzidas. O setor da construção será consequentemente conduzido a uma escala bem mais razoável do que hoje, o que acentuaria ainda mais a regeneração das práticas de autoconstrução (ou pelo menos uma participação direta dos próprios utilizadores, ao lado dos artesãos mais experientes). Cada supressão na produção de bens e de serviços eliminará por sua vez todas as produções necessárias para sua instalação e seu funcionamento, sem esquecer a gestão dos dejetos engendrados por cada uma dessas atividades. Para dar um exemplo entre tantos outros, a supressão da publicidade (anexa àquela das burocracias e a outras mudanças tecnoculturais) acarretará uma diminuição considerável do consumo de papel e de toda a cadeia industrial que lhe está associada, na qual é preciso incluir exploração florestal, produtos químicos, materiais necessários para as instalações industriais, transporte etc.

Sem negar a pertinência de se manter as trocas de longa distância, o fato de privilegiar, em toda a medida do possível, as atividades locais e de suprimir os absurdos desvios de produção que caracterizam a economia capitalista (os quais levam, por exemplo, o alho chinês até a Europa e a água – sim, a água! – dos Alpes até o México) reduzirá a pouca coisa a cadeia comercial atual e restringirá ainda mais as necessidades de transporte. Junto ao abandono de uma lógica de produção e de organização centrada no automóvel e o fetichismoególatra que a sustenta, tudo isso acarretará uma forte contração do consumo energético, que poderá ser satisfeito graças às energias renováveis, produzidas, na medida do possível, localmente. Consequentemente, tudo o que funda o peso esmagador do setor energético na economia mundial atual desaparecerá essencialmente. Enquanto a sociedade motorizada é conduzida hoje a consagrar um quarto do seu tempo desperto no transporte,[86] o privilégio exorbitante desse setor, no qual se

---

[86] Ivan Illich, *Énergie et équité*, Le Seuil, Paris, 1973 [Em português, *Energia e equidade*, Livraria Sá da Costa, Lisboa, 1975], retomado em *Œuvres*

conjugam a expansão desmedida das trocas mercantis, o estiramento dos deslocamentos associados às formas atuais da divisão do trabalho e à cristalização no objeto-automóvel do culto da velocidade e dos fantasmas de liberdade e de potência individuais, desaparecerá igualmente, dando espaço para deslocamentos menos numerosos, mas escolhidos, e cuja maior parte poderá se satisfazer com tecnologias restritas e não poluentes (bicicleta ou outras).

A questão da produção dos bens de consumo é mais delicada e deverá ser objeto de um exame atento, visando, por um lado, generalizar a disponibilidade daqueles que serão julgados verdadeiramente pertinentes e, por outro, eliminar um número considerável de mercadorias, por vezes prazerosas, mesmo que facilmente identificáveis como desnecessárias, e, com ainda mais frequência, claramente falsificadas. Seja como for, não é sobre esses bens de consumo que deve portar prioritariamente a reflexão sobre o decrescimento. O que dissemos até agora mostra que este último não tem sentido e alcance verdadeiro a não ser no contexto de uma sociedade não mercantil e sugere que, nesse contexto pós-capitalista, a eliminação massiva de setores de atividades concernirá antes o campo dos serviços e aquele das indústrias pesadas. Seria uma visão muito estreita esperar frear a escalada produtiva tomando por alvo principal o consumo das classes médias e das elites, no seio de um modelo social atual. É sobre um terreno completamente outro daquele de uma "culpabilização" dos consumidores que a questão de um verdadeiro decrescimento deve ser colocada.[87] Que haja hoje um superconsumo suscetível de ser eliminado, por pouco que ele

---

complètes, vol. 1, Fayard, Paris, 2004. Convém, pois acrescentar, à redução do tempo consagrado ao trabalho a forte redução do tempo de transporte, quer ele esteja ligado ao trabalho, às exigências de consumo ou, mais amplamente, a um modelo de vida que a sociedade pós-capitalista enviará para o esquecimento da pré-história.

[87] Não pode haver um verdadeiro decrescimento sem a construção de uma "sociedade do decrescimento" (quer dizer, pós-capitalista), como sugere Serge Latouche (ver notadamente *Sortir de la société de consommation,* Les liens qui libèrent, Paris, 2010 e *Vers une société d'abondance frugale. Contresens et controverses sur la décroissance,* Mille et une nuits, Paris, 2011).

cesse de ser entretido pelas necessidades do lucro e pelas ilusões expostas pela medida objetivada da imagem de si, é evidente. Mas há também um subconsumo, mais amplamente partilhado, e a eliminação da escassez de alimentos, da qual sofre um terço da humanidade, é uma premissa obrigatória.[88] Todavia, se na lógica do sistema atual, pregando os méritos do crescimento e do desenvolvimento, não haveria nenhuma razão para negar a uma parte majoritária da humanidade o acesso a bens manufaturados dos quais o Ocidente confortável se vangloria de gozar há muito tempo, a questão se colocaria de forma muito diferente, desde que esses sinistros privilégios tivessem desaparecido ao mesmo tempo que o sistema social opressivo e mortífero dos quais eles são a expressão. No Norte como no Sul, deveria ser possível garantir, como reivindicam notadamente os povos ameríndios, o Bem Viver para todos, convocando por toda parte possibilidades de autoprodução e saberes tradicionais de substância, mas não sem ligar o recurso aos bens manufaturados à consideração do custo social e ecológico de sua produção.

Enfim, uma das dimensões mais inaceitáveis do desperdício atual tem a ver com a acentuação de uma lógica da obsolescência, que não é nada além de uma produção-para-a-destruição. Produzir objetos destinados a durar o máximo de tempo possível, e suscetíveis de serem reparados no caso de mau funcionamento, reduzirá consideravelmente a quantidade de bens a serem produzidos, sem falar da eliminação dos estragos ecológicos e de despesas em trabalho, em materiais e em energia ocasionados pelas montanhas de lixo que submergem do mundo atual.[89]

Ver também André Gorz, "Crise mondiale, décroissance et sortie du capitalisme", retomado em *Écologica, op. cit.*, cap. 5.

[88] Precisando, todavia, que não é pela generalização dos modelos de consumo mercantil que pode ser eliminada uma miséria, amplamente criada pela guerra, que o sistema capitalista conduz contra as formas tradicionais de substância; ver, Majid Rahnema e Jean Robert, *La puissance des pauvres*, Actes Sud, Arles, 2008.

[89] Acrescentemos que as novas possibilidades técnicas permitirão repensar a produção dos bens manufaturados, mesmo as mais complexas dentre elas, inscrevendo-as em um escala desconcentrada. Nesse sentido, ver por

Para além das supressões massivas mencionadas acima, seria completamente ilegítimo determinar precisamente, desde o presente e abstratamente, quais bens deverão continuar a ser produzidos ou não e quais "serviços" serão tidos por socialmente pertinentes. Essas escolhas deverão ser definidas coletivamente, nas assembleias locais, regionais, continentais e até mesmo planetárias das quais tratou-se no capítulo precedente, sobre a base de uma lógica social que nada tem a ver com aquela que rege o mundo do valor e da mercadoria.[90] Pode-se prever que eles serão objeto, para além de alguns pontos facilmente consensuais, de ásperos debates, opondo verossimilmente visões mais inclinadas a confiar nas soluções técnicas e outras mais tecnofóbicas. Além do mais, as opções aceitas poderão variar fortemente segundo os lugares, em função das tradições culturais próprias dos múltiplos coletivos humanos que habitam o planeta. Plenamente legitimadas, tais diferenciações, locais e regionais, poderiam provocar desequilíbrios cuja acentuação arriscaria provar-se problemática e pertencerá, pois, às instâncias de decisão continentais ou planetárias de velar para que esses desequilíbrios não ultrapassem certos limiares críticos, ou ao menos para que seus efeitos sejam tratados de maneira a evitar possíveis conflitos. Enfim, essas escolhas poderão também variar no tempo: pode-se imaginar um processo de distanciação progressivo dos hábitos herdados do sistema produtivista atual, na medida em que os benefícios de seu abandono conduzirão à valorização das condições de vida tornadas

---

exemplo, as observações relativas à autoprodução comunal cooperativa, sobre a base de sistemas tecnologicamente muito avançados, em André Gorz, *Écologica, op. cit.*, p. 116-122.

[90] Os parágrafos seguintes se referem exclusivamente à parte do fazer que requer organização e decisões coletivas. Quanto ao tempo disponível, é por definição aberto à livre determinação de cada um, em função de suas inclinações pessoais e interpessoais, de expansividade de sua criatividade própria, de seu desejo em compartilhar e multiplicar as alegrias da vida. A parte de autoprodução e de autocriação no âmbito da liberdade de cada um não chama por nenhum comentário particular no quadro de uma reflexão relativa às formas da organização coletiva.

possíveis pela disponibilidade temporal e pela desespecialização generalizada. Mas pode-se também imaginar transformações ligadas a oportunas retificações das experiências anteriores, assim como a consideração das evoluções dos ecossistemas.

Apesar de todas essas incertezas, pode ser útil evocar dois critérios possíveis, em vista das escolhas produtivas a serem operadas. O primeiro é a medida do impacto ecológico de cada produção, tomando cuidado para incluir toda a cadeia, indo da extração dos materiais necessários até o tratamento dos dejetos produzidos, passando pelas necessidades de infraestrutura e de transporte. É possível que isso conduza a julgar insuportáveis certos tipos de produção. Atento às implicações sociais de cada escolha produtiva, o segundo critério consistiria em posicionar o benefício coletivo esperado de cada bem ou serviço em vista das pressões implicadas na sua produção, e notadamente na carga de trabalho derivada delas, tanto diretamente quanto indiretamente. Esse critério deveria constituir uma forte incitação a afastar o maior número possível de serviços e de produtos, pois há espaço para pensar que os coletivos humanos serão pouco inclinados a sacrificar displicentemente um dos seus bens mais preciosos: o tempo de viver. É exatamente isso que significa colocar um fim no reino da Economia e subordinar as atividades produtivas à preservação das formas de vida coletivamente escolhidas. E é por isso que a recuperação da centralidade do tempo concreto e de auto-organização da vida individual e coletiva implica uma limitação radical da exigência de produção.[91]

[91] Esse ponto me parece suficientemente abordado por Moishe Postone. Ele sublinha muito claramente que a abolição do valor implicaria que a humanidade cessaria de estar submetida à exigência da produção; mas ele evoca então a implementação de uma sociedade "fundada sobre a riqueza material" e um crescimento desta radicalmente diferente do crescimento capitalista (*op. cit.*, p 461). Todavia, e sem que seja necessário recorrer a um postulado ético de austeridade, vê-se bem que o respeito dos equilíbrios ecológicos e mais ainda talvez o gosto do tempo disponível pressionam para uma clara limitação das exigências produtivas. O tempo de viver – como condição da expansão das subjetividades, da

REVOLUÇÃO DO TEMPO E DESESPECIALIZAÇÃO GENERALIZADA

Apesar das incertezas e das dificuldades levantadas, o que foi dito até aqui basta para avançar a um ponto decisivo (além do fato, igualmente essencial, de que a supressão massiva de produção de bens e de serviços abre caminho para uma redução drástica da poluição, para um uso racional dos recursos naturais e, por conseguinte, para um esgotamento da contradição atual entre as formas de organização das sociedades humanas e as condições ecossistêmicas de sua reprodução). Por meio de um cálculo talvez ainda demasiado prudente, pode-se estimar que, sob o regime de uma lógica social inédita, o essencial da produção de alimentos e de bens manufaturados, bem como os serviços de base requeridos pela coletividade (principalmente na questão da saúde, à qual podemos acrescentar uma cadeia de distribuição reduzida, assim como a parte dos transportes organizada coletivamente)[92] poderão ser garantidos graças a uma atividade igualmente distribuída entre todos os seus membros e permanecendo inferior a 12 ou 16 horas por semana (encontraremos anexas indicações mais precisas relativas a esse cálculo do qual, de resto, só a ordem de grandeza importa realmente).[93] A maneira de organizar uma tal

---

multiplicação das experiências criativas e da construção intersubjetiva das coletividades – pode ser tomado como uma riqueza imaterial ao menos tão importante quanto os bens materiais que solicitam uma organização coletiva da produção.

[92] A operacionalização e a manutenção das redes de telecomunicações não são levadas em conta aqui; elas podem, todavia, ser associadas à produção das aparelhagens informáticas e comunicacionais.

[93] Pode-se julgar paradoxal dar tanta atenção à medida do tempo de atividade socialmente necessário, quando se trata de fundar os princípios de uma sociedade definida pelo tempo disponível e, mais profundamente, pela predominância de um tempo concreto, não mensurado. É simplesmente impossível pensar a sociedade pós-capitalista de outra maneira senão a partir e contra a lógica capitalista atualmente dominante: é indispensável mensurar a distensão temporal acarretada pela abolição da lógica do valor, para mostrar que prevaleceria então um tempo disponível, livre de toda medida. Além do mais, pode-se imaginar uma evolução da sociedade pós-capitalista, passando de uma medida necessária (e talvez

repartição poderá dar lugar a diversas opções que não necessitamos evocar aqui, senão para sugerir que cada um deveria poder experimentar tarefas múltiplas, seja por uma alternância sobre os tempos curtos, seja por mudanças ao longo da vida. Pode-se vislumbrar também diferentes maneiras de combinar as tarefas produtivas de interesse comum inscrevendo-se em níveis supralocais (notadamente para as produções pesadas que permaneceriam necessárias) e outras tendo um caráter local (notadamente para a produção de alimentos e de serviços).

Ainda é preciso acrescentar a essas tarefas produtivas as atividades de *organização* da vida coletiva, que podem ter um caráter menos imperativo e em parte livremente assumido, mas que não podemos esconder que são também vorazes com o tempo. Trata-se em primeiro lugar da participação nas instâncias de autogoverno, tanto em nível local quanto nas diferentes escalas supralocais. Essas tarefas, ligadas a mandatos curtos e não renováveis, são por definição provisórias, mas a ampla dispersão dos encargos de organização coletiva no seio do corpo social as multiplica necessariamente, de forma que inúmeros são aqueles que consagrarão a elas uma parte de seu tempo. O pouco que restará de tarefas de justiça e de polícia – pois não podemos imaginar que desapareçam inteiramente todos os conflitos, toda necessidade de arbitragem, nem mesmo toda infração às normas coletivamente reconhecidas – faz parte igualmente das funções de autogoverno e deve ser também compartilhada, de maneira rotativa, no seio de cada comuna. A manutenção das infraestruturas de vilas e bairros (ruas, edifícios de uso coletivo etc.) deverá fazer parte de momentos devotados às tarefas comunitárias, como muitos povos o fazem ainda hoje no mundo todo.

Enfim, se a educação não foi mencionada anteriormente entre os "serviços" a serem mantidos do mesmo modo que o domínio da saúde, é porque levantamos a hipótese de uma educação

exageradamente escrupulosa) do tempo de atividade socialmente exigido para um relaxamento progressivo dessa medida.

amplamente desescolarizada (mas é uma escolha que só pode ser tomada coletivamente, sendo regularmente submetida à revisão).[94] Por essa expressão compreende-se a aquisição de um conjunto de aprendizados teórico-práticos realizados "em campo", quer dizer, em relação com as atividades sociais efetivas (aprendizados voluntários junto a profissionais capazes de transmitir as ferramentas associadas à sua prática e à compreensão profunda desta). Uma outra parte dos aprendizados elementares, tornados de início mais fáceis pela distribuição sem interrupção mais igualitária do capital intelectual e cultural entre os adultos, mas também mais atrativos por sua interação com as experiências e as curiosidades da vida concreta, poderia ser assumida por grupos de pais ou outros interessados, com o auxílio, para os aspectos mais específicos, de pessoas adequadas. É possível favorecer uma implicação das próprias crianças, por um lado por seu engajamento na construção coletiva de aprendizados e, por outro, pelo papel de acompanhamento e de formação, particularmente valorizante e responsabilizante, que cada grupo etário pode assegurar junto dos mais jovens. Todavia, se a desescolarização completa dos aprendizados é possível, é também concebível optar por um sistema misto, somente em parte desescolarizado. Nesse caso, um núcleo de pessoas fazendo do ensino seu modo de participação principal na produção coletiva de bens e de serviços teria por função organizar os aprendizados e coordenar a participação dos grupos de pais, das próprias crianças, bem como de pessoas dispondo de conhecimentos particulares em certos domínios teórico-práticos.

O campo da saúde foi, ao contrário, mantido entre os serviços cuja utilidade patente impunha a manutenção a título das tarefas produtivas socialmente necessárias. Entretanto, seu modo de funcionamento deve ser inteiramente repensado, sobre a base das

---

[94] Ver Ivan Illich, *Une société sans école,* Le Seuil, Paris, 1971 [Em português, *Sociedade sem escolas,* Rio de Janeiro, Vozes, 2018] e *Dans le miroir du passé,* Descartes & Cie, Paris, 1994 (retomado em *Œuvres complètes, op. cit.,* vol. 1 e 2).

críticas endereçadas a uma medicina hipertecnicista, muito frequentemente marcada pelas certezas arrogantes de uma ciência objetivadora e cada vez mais penetrada por esquemas produtivos da economia de mercado.[95] Para além do fato de que a extensão das patologias será contida pela forte redução dos fatores de estresse e de fadiga ligados ao tempo de atividade obrigatório, pelo abandono de um modo de vida e de alimentação tão pouco sãos quanto possível, bem como pela eliminação das substâncias tóxicas (notadamente os perturbadores endócrinos e outros compostos cancerígenos) que o atual sistema industrial faz proliferar, será possível orientar-se para uma desespecialização parcial do domínio da saúde. Como mostram inúmeras experiências nesse sentido, uma formação simples permitiria a agentes comunitários difundir princípios de prevenção e tratar as doenças mais simples. E não se ignora que uma parte dos cuidados continuará a exigir uma formação longa e uma sólida experiência (que se trate da medicina ocidental ou não ocidental) e, para essas patologias mais graves, lugares de exercício muito qualificados. Assim, a exigência de desespecialização não poderá verdadeiramente prosperar nesse domínio senão para melhor se confrontar com um dos seus limites mais claros.

Por fim, a manutenção de uma atividade de pesquisa científica se encontrará sem dúvida também associada a um grau de especialização ainda elevado. Ocupando atualmente uma proporção ínfima da força de trabalho, ela deverá ser profundamente reorientada, pelo tanto que os campos de pesquisa aplicada privilegiados pelo universo mercantil (biotecnologias orientadas para os setores de alto lucro, pesquisa militar e espacial etc.) diferem daqueles que poderiam interessar as coletividades de uma sociedade pós-capitalista. Entre estes, podemos mencionar as tecnologias que

---

[95] Ver, por exemplo, Ivan Illich, *Nemesis médicale,* Le Seuil, Paris, 1975 (*Œuvres complètes, op. cit.,* vol. 1) [Em português, *A expropriação da saúde: nêmesis da medicina,* Rio de Janeiro, 1975].

permitem favorecer um retorno a melhores equilíbrios ecológicos, melhorar a qualidade de vida (saúde, agroecologia), tornar menos opressivas as tarefas produtivas e, de maneira mais geral, favorecer uma "produção mais autônoma de valores de uso".[96] Quanto à pesquisa fundamental, não há razão para limitar o seu campo, mesmo se o estatuto desta atividade, associada a um investimento altamente passional, tenha de ser repensado fazendo-se igualmente objeto de uma desprofissionalização parcial. Enfim, mais do que conceber a transmissão desses saberes como um domínio em si, podemos optar por confiar àqueles que se dedicam às tarefas de pesquisa o papel de transmitir suas competências aos outros, mas também de contribuir ao ensino de suas disciplinas às crianças e adolescentes engajados na aquisição de saberes elementares, o que seria um bom meio de restringir a especialização de um domínio provavelmente chamado a extravasar a norma tendencial da não-especialização da sociedade pós-capitalista.

No total, pode-se estimar que as atividades de organização da vida coletiva e de contribuição aos aprendizados socializados poderiam requerer (com algumas variações em função das responsabilidades assumidas) entre 10 e 12 horas por semana. Se acrescentamos esta estimativa àquela proposta para as tarefas de produção de bens e de serviços, atinge-se de 22 a 28 horas semanais, o que, em qualquer circunstância, permanece no limite, bem restrito, de 4 horas por dia. Para além de tais contabilidades, são as consequências civilizacionais dessa revolução do tempo que importará destacar. Porém, antes de se engajar por esse caminho, pode ser útil retomar a distinção estabelecida aqui entre dois tipos de atividades socialmente necessárias: as tarefas de

---

[96] Ivan Illich, *La convivialité*, em *Œuvres complètes, op. cit.*, vol. 1 (no qual ele apresenta notadamente a distinção entre ferramentas conviviais e ferramentas não conviviais). Ver também *Le travail fantôme*, em *Œuvres complètes, op. cit.*, vol. 2, no qual ele sublinha a contribuição desejável das ferramentas conviviais modernas para a formação de uma forma renovada de subsistência, "liberada das tarefas fastidiosas da antiga subsistência".

produção de bens e de serviços; as atividades de organização da vida coletiva e de participação na difusão dos aprendizados. Essa diferenciação é uma hipótese inicial que pode evidentemente ser colocada em questão; mas ela parece importante para confortar uma lógica de desespecialização e, notadamente, para evitar a reprodução de um fosso entre a tomada de decisão e a aplicação, ou até entre governantes e governados. Ademais, essa diferenciação parece pertinente na medida em que as tarefas de produção apresentam, apesar de todas as transformações que afetarão sua prática e seu estatuto, um caráter mais coercivo e, eventualmente também, são mais extenuantes fisicamente; elas supõem também capacidades específicas que implicam um engajamento relativamente prolongado no tempo (mesmo que nem exclusivo, nem imutável). O ritmo de investimento pessoal nessas tarefas não é, pois, o mesmo que aquele que concerne às atividades de autogoverno e de aprendizado. A diferenciação entre produção de um lado e organização coletiva e transmissão de saberes de outro parece clara, mesmo que o lugar de certas atividades possa se prestar a discussão.

Enfim, inúmeras dificuldades bem sérias não deixarão de se apresentar. Já mencionamos os debates que serão gerados pelas decisões coletivas sobre a produção de bens e serviços considerados socialmente relevantes, assim como os conflitos que poderão surgir entre coletivos com a tomada de decisões distintas que tradições culturais diferentes conduziriam (sobretudo se alguns tiverem que julgar que as escolhas feitas por outros poderiam ter consequências nefastas para eles ou atentar contra suas concepções de interesse coletivo). Como suplantar as tensões que não deixarão de surgir entre o respeito da autonomia dos coletivos locais (comunas ou grupos regionais de comunas) e a exigência de equilíbrio que implica repartir equitativamente as obrigações e garantir a todos, pelo tanto que eles o desejem, um mesmo acesso aos recursos, apesar da sua localização geográfica irregular? Como garantir a participação de todos nas tarefas coletivas sem cair em uma perniciosa obsessão pela medida? Como distribuir tão justamente quanto possível as tarefas mais pesadas e as mais ingratas? Como evitar que algumas, dentre elas, ancoradas em lugares específicos (por exemplo, a mineração, na medida em que será mantida, mesmo que em um nível muito reduzido em relação à situação atual), não recaiam sobre uma parte, então desvantajosa, da população? Enfim, como impedir que as atividades reclamando uma formação particularmente longa, como a medicina ou a pesquisa científica, não venham a contrariar, apesar de toda a inventividade que se pode aplicar para repensar a prática, uma lógica social geral fundada sobre a desespecialização? Como preservar esta última dando, entretanto, todo espaço a um fazer apaixonado e de bom grado cronófago, notadamente na prática de certas artes? Qual estatuto oferecer a certas formas de produção artística e cultural cuja pertinência coletiva é evidente, mas sobre as quais deveremos determinar se convém integrá-las ao conjunto das tarefas de produção de bens e de serviços socialmente assumidas?[97]

Enfim, será preciso manter uma correlação entre a tarefa específica de interesse comum realizada por cada um e seu direito a uma parte dos bens produzidos (o que implica, tão circunscrito possa ser o uso, uma forma de moeda e, sobretudo, a atribuição de um valor a cada um dos bens)? Ou então poderemos romper com toda a comensurabilidade entre a atividade realizada e o acesso aos bens e serviços disponíveis? Isso teria a vantagem extrema de tornar todo instrumento monetário inútil e de afastar a ideia de um valor mensurável de bens e de serviços produzidos. Mas, será necessário, para tornar essa opção viável, estar certo de que

---

[97] Uma boa parte das atividades criativas cessará de ser tarefa especializada, enquanto os bens imateriais digitalizados farão de sua reprodutibilidade ilimitada a condição de um uso coletivo e cooperativo. Alguns tipos de produção cultural poderiam, entretanto, ser considerados como tarefas coletivamente assumidas.

o acesso aos recursos seria objeto de uma autolimitação razoável, sob efeito de uma ética do comum consciente de que não há vantagem individual durável que não se funde sobre as exigências coletivamente assumidas.

O TRABALHO ESTÁ MORTO, VIVA A ERA DO FAZER!

Por mais obrigatória que seja, a participação de cada um nas tarefas de produção e de organização deveria se mostrar menos um peso e mais um motivo de satisfação e uma ocasião de experiências intersubjetivas benéficas. Mas o ponto crucial, que transforma até o limite o próprio sentido das atividades e das tarefas precedentemente evocadas, é a praia[98] temporal que permanece intacta, fora de seu alcance. É esse tempo oferecido ao que cada um decide fazer, por si ou pelos outros. É por isso que a sociedade pós-capitalista é antes de tudo uma sociedade do *tempo disponível*. No mundo capitalista, o "tempo livre" é o inverso do trabalho, seu indispensável complemento votado ao consumo, quando ele não é vampirizado pela produção da empregabilidade de si ou então entregue à desesperadora vacuidade à qual condena o desemprego. Na sociedade pós-capitalista, o tempo disponível não é um resto; ele é essencial. De fato, não é mais a questão de trabalho, atividade suportada e ordenando a vida como um todo, o que impõe o desinvestimento de suas capacidades manuais ou intelectuais e o engajamento em um projeto cujo controle é conferido a outros.[99] No salariado, o trabalhador permanece separado dos meios de sua atividade e

---

[98] N.T.: O autor utiliza aqui a palavra "*plage*" que pode, evidentemente, ser traduzida por "praia", como fizemos, mas também por faixa, intervalo etc. – outras soluções que poderiam muito bem se adequar a um sentido mais técnico da expressão como um todo; no entanto, optamos pela metáfora litorânea pois compreendemos que há um elemento de fruição de ócio que interessa ser mantido no interior do termo em questão, considerando, sobretudo, o que se diz imediatamente depois.

[99] Sobre as implicações da abolição do trabalho enquanto mediação social generalizada, ver Moishe Postone, *Temps, travail et domination sociale, op. cit.*

estrangeiro aos fins desta; ele é desapossado do sentido efetivo de sua atividade. A abolição do trabalho assalariado restitui a unidade do fazer humano. Ela anula a dissociação entre o fazer e a tomada de decisões a ele ligadas e o entrega àqueles que fazem o controle de sua atividade.

Visto que o regime capitalista está fundado sobre uma lógica de divisão do trabalho e de especialização crescente, a idade do fazer e do tempo disponível autoriza uma desespecialização generalizada, que abre para cada um a possibilidade de experimentar múltiplos campos de atividades e faculdades (o que, além do mais, permite a cada um realizar as inúmeras tarefas que requeriam o recurso ao trabalho de outrem e ao consumo mercantil). O tempo disponível é por definição o que cada um decide fazer dele. Não há, pois, quanto a isso, nenhuma prescrição a ser enunciada e o mais sábio seria sem dúvida não dizer nada, precisamente porque é o mais importante. Ainda assim, pode-se, por essa mesma razão, deixar-se levar imaginando esse tempo de alegria, de amor e de amizade, de dança e de criatividade. Um tempo de prazeres do fazer tanto quanto das curiosidades do saber, da prática musical ou culinária, da experimentação filosófica ou horticultora. Em tal sociedade, uma mesma pessoa poderia ser conduzida sucessiva ou simultaneamente a fabricar pneus de bicicleta e a ocupar uma cadeira nos Conselhos de autogoverno, a cultivar tomates ou milho e a compartilhar os problemas matemáticos com as crianças do quarteirão, a participar da elaboração de um programa de computador cooperativo e a fazer faxina, sem falar, entre mil e um domínios abertos à exploração de todos, de uma paixão pela antropologia dos ritos de inversão ou pela arte literária dos caça-palavras. Nenhuma divisão hierárquica entre atividade manual e atividade intelectual tem lugar em tal mundo, o que afasta no mesmo movimento toda preeminência da cabeça sobre o corpo, do pensamento sobre as emoções, do masculino sobre o feminino, da teoria sobre a prática.

A sociedade do tempo disponível induz uma outra temporalidade, que é também o fundamento de uma outra subjetividade. À tirania dos tempos breves e da urgência, à lógica do tempo medido que enclausura cada um na raia de uma corrida regulada como um infalível maquinário, se opõe o tempo da disponibilidade, aberto a todas as ramificações da troca entre pessoas, a todos os encaixes de devires possíveis. Ao tempo quantificado, dominado pela obsessão do rendimento, opõe-se um tempo quantitativo e concreto: o tempo da vida vivida e da convivialidade. Poder-se-ia opor ao culto mercantil da velocidade e à sua impaciência constitutiva um elogio da lentidão e da paciência – virtudes seguramente indispensáveis em um universo baseado em relações cooperativas e na construção, nem sempre fácil, de decisões em comum. Mas trata-se ainda mais de pensar um tempo oferecido a uma completa pluralidade de ritmos, um tempo versátil e plenamente livre. Então, o direito à lentidão, à *flânerie*, ao tempo que se perde sem nunca o perder realmente, pode se combinar com o sentido de urgência sem ter que ostracizar a velocidade, que, ao menos para alguns, pode também ter seus charmes, desde que não pretenda se impor como único registro de temporalidade legítima.

Sobretudo, essa pluralidade de ritmos se insere em um regime de *distensão temporal* que é próprio à riqueza do fazer reunificado, assim como a compressão temporal estava associada às exigências de produtividade e de rendimento do trabalho mensurado. Em posição oposta à crono-coerção que funda a sociedade de mercado, a descompressão temporal é a condição de uma desespecialização generalizada do fazer. Mas não se poderia, no entanto, opor unilateralmente um sentido da duração e dos tempos longos ao culto da instantaneidade mercantil. A consciência da irreversibilidade do tempo não pode senão intensificar o sabor de cada instante, de maneira que a distensão temporal e valorização do instante poderão gozar por muito tempo de seus acordos e de seus desacordos. Assim, a temporalidade do instante não é o culto da instantaneidade: longe de toda preocupação com a performance, ela cristaliza a *instan-sidade*[100] da vida.

A sociedade do tempo disponível é também uma sociedade da infância: a primeira sem dúvida desde o paleolítico, na qual os adultos, e *todos igualmente*, têm realmente tempo para se ocuparem das crianças. A infância seria então o primeiro dos valores, pois uma sociedade não vale a não ser o que vale a sua capacidade de fazer dessa energia muito parcialmente socializada, que é a infância, o fundamento de uma vida social digna e próspera, de acompanhar essa idade da autonomia limitada em direção a uma vida coletiva regida por uma plena autonomia. Em uma história longa, feita de violência, de miséria, de exploração e de injustiça, a infância foi durante muito tempo a idade dos adestramentos autoritários, das frustrações e dos rancores que tantas outras humilhações insistiram em jogar sobre ela. Resultou disso, ao longo da história, a fatalidade de uma vida social tecida por incompreensões, impossibilidades de reconhecer o outro, de ódios encobertos e de feridas abertas; e isso apesar dos avanços ambivalentes de um século XX batizado de "século das crianças", mas que, pela intensificação da violência genocida, da exploração do trabalho e das condições de vida miseráveis, não deixou de bater os recordes de barbárie ao seu encontro.

Imaginemos então o horizonte totalmente novo aberto por uma sociedade da distensão temporal e da infância. Uma sociedade que, por sua disponibilidade benevolente para com as crianças, seus ritmos próprios e sua arte do jogo, dá os meios de encorajar todas as suas potencialidades afetivas e criativas, guiando-as

---

[100] N.T.: *"Instan-sité"* no original em francês. O autor joga com a possibilidade de criação de neologismos da língua francesa forjando o termo *"instansité"*, algo como "instansidade", que contém tanto a noção de instante (*instant*) quanto a de intensidade (*intensité*), algo que fica um pouco menos perfeitamente evidente em português, mas que nos é possível acompanhar como o fizemos. O hífen serve justamente para mostrar, ou dialetizar, esse conteúdo no interior do termo assim arranjado.

ao mesmo tempo pouco a pouco em direção ao controle de sua própria exuberância: eis aí a fonte viva de uma multiplicação insuspeita do fazer humano, eis aí a fonte jubilosa de uma subjetividade cooperativa enfim possível. Não se trata de modo algum de postular uma infância ideal, sem conflito psíquico nem frustração nenhuma, crescendo em meio a adultos perfeitos. Trata-se apenas de sublinhar o quanto uma vida social radicalmente transformada ajudaria a reconduzir essas dificuldades a proporções bem mais limitadas do que a atual modernidade e a suplantar com muito menos pena inevitáveis tensões e conflitos. Feitas essas reservas, seria exagerado evocar uma humanidade nova, dotada de energias criativas e de talentos multiformes os quais, enfiados como estamos em um mundo onde as tensões sociais se multiplicam e envenenam as tensões psíquicas, não poderíamos nem imaginar?

SUBJETIVIDADES COOPERATIVAS E PROFUSÃO DAS SINGULARIDADES

Uma ética só vale por sua adequação às condições reais da vida social. A sociedade que descrevemos não é um mundo da abundância absoluta e da satisfação ilimitada dos desejos. A preservação dos equilíbrios ecológicos impõe a uma humanidade numerosa uma contenção certa. Deixando de acreditar que são mestres da natureza para se reconhecerem como parte integrante dela, os humanos são regidos por regras de coexistência com outras espécies; e essa responsabilidade em relação ao vivente como um todo invoca um sentido de medida. De modo similar, a preocupação com o outro e o sentido do coletivo podem ser reconhecidos como constitutivos da existência e integrados à própria concepção da autonomia individual. Pode-se, pois, opor um senso de proporcionalidade[101] à falta de limite à qual pretende a sociedade

---

[101] Sobre essa noção, ver Ivan Illich, "La sagesse de Leopold Kohr", retomado em *La Perte du Sens,* Fayard, Paris, 2004 e Jean Robert e Valentine Borremans, "Préface" à Ivan Illich, *Œuvres complètes, op. cit.,* vol. 1. O termo foi retomado pelo subcomandante Marcos para designar a capacidade de mensura até onde se estende o espaço que corresponde a cada um e onde

de mercado. Não obstante, as proporções que convêm à idade do fazer são bem mais amplas e mais livres que a irresponsável expansividade do capitalismo – a qual só faz traduzir o princípio da medida quantificada abstrata que é o seu fundamento e que desaparece logo que a lógica do valor é abolida. Reconheçamos que uma organização ecossocial que assegura a todos os seus membros o Bem Viver (noção forjada pelos movimentos indígenas da América Latina e sobre a qual retornaremos) e preserva o primado do tempo disponível deveria poder afirmar seu senso de proporções sem privar a expansividade das forças vitais de um terreno de jogo bem mais generoso que aquele que as seduções dos fetichismos mercantis se gabam de colocar à disposição. Não se poderia tratar de uma sociedade *ajustada*, na qual o desejo de cada um deveria corresponder por princípio ao interesse de todos, nem de uma sociedade *moralizada*, na qual cada ação deveria ser regrada por um modelo de vida estandardizado, imposto como condição de pertencimento à coletividade. Repitamos que uma sociedade da distensão temporal e da potência do fazer é também um mundo da criatividade multiplicada e da intensidade das alegrias. Na verdade, seu senso de medida, nos domínios onde este deve prevalecer (o respeito à Mãe Terra, o cuidado com o outro e o sentido do coletivo), se combina, por toda parte, com a expansividade das experiências vitais e o gosto do dispêndio: a festa, a dança, o jogo, os desejos têm aí todo seu lugar. Mas a noção mesma de dispêndio, que não tem sentido a não ser opondo-se à lógica fria da utilidade e do interesse, perde muito da sua pertinência quando o essencial da existência cessa de estar submetido aos imperativos da quantificação.[102]

começa aquele de outrem, ou seja, a base indispensável para o desenvolvimento de relações respeitosas no seio de um mundo feito de múltiplas diferenças (*Saisons de la digne rage, op. cit.*, p. 243-247).

[102] Em suma, a noção de proporção permite, melhor do que aquela de limites, recusar o fantasma da falta de limites própria a cada sociedade de mercado e de definir positivamente um dos princípios da sociedade do Bem Viver. Falar de proporção é colocar de saída a questão em termos de relações.

O individualismo no sentido pleno do termo é o produto da modernidade capitalista. Seu mito fundador – a imagem de um indivíduo preexistente ao estado social – permite conceber um eu [*moi*] autônomo, constituído independentemente de toda relação com outrem e entrando *a posteriori* no jogo social para satisfazer as necessidades definidas de maneira puramente instrumental. A atomização decorrente é a condição da concorrência que deve reger os mercados, e em primeiro lugar aquele do trabalho. Ela é igualmente a condição do face-a-face que cada cidadão deve estabelecer com o Estado que pretende representá-lo, mas também enquadrá-lo para guiá-lo para o seu próprio bem. Eis, então, o "homem" abstratamente paramentado de igualdade e promovido como o único princípio de sua própria ação. Todavia, apesar da força emancipadora da declaração de igualdade em direito e em dignidade, essa figura só foi em substância um indivíduo para-o-mercado e para-a-representação-política que tanto menos pôde manter suas promessas que, no capitalismo tardio, a generalização das condutas competitivas e a impregnação da vida privada pelas exigências do trabalho e do consumo contribuem para produzir subjetividades estanques como mônadas, hiperconcorrenciais e patologicamente narcisistas. Apesar dos enclaves ainda preservados, a existência se ordena ao redor de um "eu" [*moi, je*] e do "cada um por si" de todos contra todos. No reino da competição impiedosa, é exigido propagandear as suas próprias performances, esmagando todos os outros se necessário.

> O sentido da proporção é o cuidado com as interações justas; ele faz da consciência de si a condição do respeito pelo outro, e da preocupação com o outro a condição das trocas e das relações cooperativas mais proveitosas para todos. A proporcionalidade não deve ser percebida como uma obrigação que limitaria a liberdade de cada um (salvo no quadro de uma concepção liberal-ocidental que não concebe a liberdade senão a partir da denegação das relações de interdependência que constituem a pessoa); ela é mais a consciência do que a falta de limite e a denegação das proporções podem implicar em perda, com relação ao desejo da boa vida, da paz, do tempo disponível, da amizade etc. Mais do que isolar a questão das margens (ou limites), podemos preferir pensar a proporção em termos positivos de *extensão relativa*, quer dizer, como equilíbrio entre extensões que devem se dispor umas em relação com as outras.

A essas maneiras de ser, características do capitalismo humanicida, opor-se-á a produção de subjetividades inclinadas à ajuda mútua e à cooperação com o outro. Ganhando em maturidade, elas descobrem que o eu [*moi*] é mais bem servido pela moderação das vaidades do que por sua expansão descontrolada. Elas compreendem que não há necessidade de fazê-la triunfar sobre o outro para experimentar sua própria existência. Aprendem a *escutar* mais do que sempre pretender ter razão. A socialidade[103] da idade do fazer reclama por tais subjetividades, capazes de proporcionalidade, ao mesmo tempo que as tornam possíveis. A capacidade de cooperar é com efeito a condição indispensável do bem comum que se oferece a cada um: construir e preservar um mundo tendo por princípio a igualdade de todos com relação às tarefas produtivas a serem realizadas, da participação na tomada de decisão, de acesso aos recursos e ao tempo disponível. Para além de sua indispensável contribuição para essa forma de organização coletiva, há razão para se pensar que as subjetividades cooperativas se manifestarão igualmente nos outros domínios da vida e das relações interpessoais.

Assim, a ajuda mútua deveria prevalecer sobre o egoísmo, na medida em que as coerções do tempo medido desparecessem. Não é nem mesmo certo que seja preciso pensar essas novas relações em termos de dom ou de reciprocidade, noções que, invertendo toda a lógica do interesse, dela permanecem parcialmente dependentes porque instituem apesar de tudo a medida, explicita ou implicitamente quantificável. A idade do fazer, por sua vez, perde tanto quanto possível todo o sentido contável. A ajuda dada a outrem não espera a contrapartida direta. Mais ainda do que dar (o que supõe ter e obriga aquele que recebe), trata-se de fazer junto, por si e pelo outro, e de compartilhar. A noção mesma de gratuidade não ganha um novo sentido, lá onde não temos mais necessidade de contar? Em todo caso, é da cooperação generalizada que

---

[103] N.T.: "*Socialité*", no original, e não "*sociabilité*".

se trata de fato, tanto na participação nas tarefas coletivas como nas redes de ajuda interpessoal. O agir cooperativo é a condição de existência do bem comum.

Em um tal mundo social, a pessoa não teria como ser pensada como um ser isolado; ela se constitui de antemão em uma rede de relações interpessoais. O ser não poderia existir, nem se pensar, fora dessas relações, sem as quais ele perderia o acesso ao bem comum que existe somente pela cooperação de todos. O eu [*moi*] é de saída um "nós", pois ele tece em si os laços que o ligam aos seus semelhantes. Denegada pelo individualismo moderno, uma tal concepção interpessoal da pessoa foi partilhada (e o é ainda parcialmente) pela maioria das sociedades não ocidentalizadas: a pessoa é aí pensada como uma encruzilhada, um nó de relações com os outros seres ou entidades (humanas, mas também animais, naturais, espirituais ou divinas). Ao invés do eu [*moi*] que se fecha sobre sua constituição, ei-lo aqui levado para além dele mesmo. Ao mesmo tempo, não se poderia negar o que esse entrelaçamento de vários *eu* [*moi*] interpessoais, tornados "membros uns dos outros",[104] pode por vezes implicar de obrigações. Todavia, nas condições inéditas de uma sociedade pós-capitalista na qual a exigência de cooperação se combina com uma grande liberdade expressiva e com uma ampla abertura supralocal, há todo o espaço para pensar que a constituição intersubjetiva das subjetividades possa tomar um sentido novo e ir de par com uma liberação de potenciais de "singularização individual e/ou coletiva".[105] Seria absurdo imaginar uma eliminação de todo conflito entre os desejos singulares,

---

[104] Marshall Sahlins, *La nature humaine, une illusion occidentale. Réflexions sur l'histoire des concepts de hiérarchie et d'agentivité, sur la sublimation de l'anarchie de l'Occident, et essais de comparaison avec d'autres conceptions de la condition humaine*, Éditions de l'éclat, Paris, 2009.

[105] Félix Guatarri e Suely Rolnik, *Micropolitiques,* Les empêcheurs de penser en rond, Paris, 2007 [Em português: *Micropolíticas: cartografias do desejo*, São Paulo, Vozes, 2011]. Félix Guattari destaca igualmente que se trata de pensar conjuntamente a intensificação das singularidades e da capacidade de solidariedade (*Les trois écologies, op. cit.*, p. 72).

ou entre estes e as obrigações, resultando do respeito aos outros e das exigências do bem comum. Mas a socialidade da idade do fazer tem a vantagem de reduzi-los consideravelmente e de criar condições favoráveis para sua resolução, desde que ela substitua a exacerbação dos egoísmos afrontados pela moderação das vaidades e a tranquilização negociadora das capacidades cooperativas. Seria ainda muito pouco afirmar que cada um estará consciente que o comum – e, assim, a contribuição que ele deve dar – é a condição mesma de seu próprio desabrochar. E que saberá também que o agir cooperativo de todos nutre a riqueza dos laços interpessoais que o constituem, ele próprio, como pessoa. É preciso, sobretudo, apreender que as subjetividades estarão intrinsecamente engajadas em uma dupla dinâmica: contribuir para o bem comum que é o fundamento de sua própria liberdade; entregar-se a todas as curiosidades e a todas as alegrias, frequentemente compartilhadas, do tempo disponível, o que é também uma maneira de intensificar a vida dos seus semelhantes. A materialização da distensão temporal e do fazer reunificado reduz consideravelmente as zonas de incompreensão entre o cuidado com o bem comum e a exuberante profusão das singularidades.

ACABAR COM O SISTEMA CAPITALISTA não poderia em caso algum se reduzir a uma mudança no regime de propriedade dos meios de produção, à planificação da economia ou a uma repartição mais justa dos benefícios desta. Isso não pode significar outra coisa senão a abolição do valor e de sua esmagadora *predominância* tanto na ordem econômica quanto no conjunto da vida social e subjetiva. Tomar plenamente consciência da dimensão do que implica a abolição do valor (quer dizer também, da preeminência do trabalho abstrato) não tem nada de fácil. Mas pelo menos está claro que isso – e apenas isso – equivale à destruição do próprio motor da louca mecânica do produtivismo capitalista, a saber, a força incontrolável que *obriga* a produzir sem cessar, cada vez mais, sob o efeito apenas da necessidade de expansão do valor. Uma vez eliminada essa compulsão mortífera da produção-para-a-produção-e-para-o-lucro, os produtores (seria adequado não mais qualificar por esse nome) reencontrarão o pleno domínio da criação de valores de uso, realizado sobre a base de escolhas decididas e assumidas coletivamente (enquanto a autoprodução inscrita em um tempo disponível dependerá da completa liberdade de cada um). Mais profundamente, isso significa que a produção de bens e de serviços (que será desejável nomear de outra forma), mesmo permanecendo a base necessária para a vida, deixará de ser a esfera central e determinante da organização coletiva, como ela o é, de maneira muito específica, na justamente nomeada *sociedade da mercadoria*. Nesse sentido, a saída do capitalismo significa uma "deseconomização" radical do universo coletivo. Rompendo com a hegemonia (hoje ao mesmo tempo potente e necessariamente incompleta) da Economia sobre o conjunto dos aspectos da vida, as organizações não capitalistas que os coletivos humanos se esforçarão sem trégua para consolidar e adaptar poderão fincar suas razões de ser nos registros seguintes: a preservação dos coletivos biossociais, o respeito de seus princípios de autonomia, de justiça e de equilíbrio, a afirmação de uma vida boa permitindo a cada um desenvolver suas capacidades e suas aspirações, seja, como diremos no capítulo seguinte, o que podemos chamar, com os povos indígenas da América, o *Bem Viver*. É então, ultimamente, a forma própria da *vida*, individual e coletiva, que se torna o coração vibrante da organização ecossocial.[106] Incluindo para o que é de responsabilidade das tarefas produtivas e das atividades de autogoverno, e sem esquecer – expressão concreta do princípio aqui enunciado – que predomina o tempo disponível, aberto às inclinações subjetivas de cada um como aos seus apetites intersubjetivos. Não haveria então princípio mais fundamental, no devir instituinte dos coletivos humanos do que o desenvolvimento da vida vivida.

---

[106] Precisemos que a *vida,* aqui evocada, não é uma simples realidade biológica, mas a existência vivida, em todas as suas dimensões.

No entanto, a maneira de agenciar o cuidado do bem comum e a liberdade das singularidades está longe de ser inteiramente previsível. Ela ganhará formas variadas, assim como serão diversas as maneiras de resolver suas possíveis contradições. As curiosidades do tempo disponível, os modos de subjetivação, o próprio senso dos prazeres dos jogos nada têm de imutável e variarão em função da particularidade dos lugares e das escolhas feitas pelos diversos coletivos de habitantes. Na idade do fazer, a diversidade será recomendável.

Dir-se-á que um pouco de comedimento e um senso elementar do equilíbrio, nas relações com outrem como com a Mãe Terra, imporiam inaceitáveis entraves à liberdade de cada um? Ou que o ideal de proporcionalidade está condenado ao fracasso por suas paixões egoístas e pelas pulsões de falta de limite próprias da "natureza humana"? Eis um novo obstáculo ao qual é preciso dar toda a atenção requerida. É um dos objetos do próximo capítulo. Mas o que descrevemos anteriormente já sugere que tais escolhas não são nem um sacrifício nem um exercício ascético, pois há muito a ganhar em termos de tempo disponível, de potencial subjetivo, de alegrias compartilhadas e da beleza leve da vida.

CAPÍTULO IV
UM MUNDO FEITO DE MÚLTIPLOS MUNDOS

Eu vi a terra dos Brancos... Seus filhos se puseram a fabricar mercadorias e seu espírito começou a obscurecer por causa de todos esses bens sobre os quais eles fixavam seu pensamento... Eles disseram para si mesmos: "Nós vamos nos tornar o povo das mercadorias! Nós vamos fabricar muitas mercadorias, e dinheiro também!"... Foi nesse momento que eles perderam verdadeiramente toda sabedoria. No começo, eles destruíram sua própria terra antes de ir trabalhar aquela dos outros, para aumentar sem parar as suas mercadorias. Nunca se perguntaram: "Se nós destruirmos a terra, seremos capazes de recriar uma outra?"... Eles fixam seu pensamento sem descanso sobre suas mercadorias, como se fossem suas noivas.

Davi Kopenawa, xamã Yanomami.[107]

Um homem não pode ser rico se ele se recusa a ajudar aqueles que estão em necessidade.

Provérbio mohave.[108]

---

[107] "Descobrindo os Brancos", conversa de Davi Kopenawa com Bruce Albert (1998), citada no belo artigo de Jean Tible, "Lutas cosmopolíticas: Marx e América Indígena (Yanomami)", *Lugar Comum*, n. 30, 2010, p. 31-44. Ver agora Davi Kopenawa e Bruce Albert, *La Chute du Ciel. Paroles d'un chaman Yanomami*, Plon, "Terre humaine", Paris, 2010 [Em português: *A queda do céu. Palavras de um xamã Yanomami*, São Paulo, Companhia das Letras, 2015].

[108] Citado por Georges Devereux, *Ethnopsychiatrie des indiens mohaves*, Les Empêcheurs de Penser en Rond, Paris, 1996.

NÃO HÁ UMA MANEIRA ÚNICA de construir um mundo liberado da tirania capitalista. Cada coletivo tem diante de si diversas opções, diversos modos de organização que podem ser colocados em prática e retificados ao longo de uma experiência em vias de se produzir. No lugar de pretender fundar sua ação sobre certezas de conhecimentos preestabelecidos, cada um "avança perguntando", segundo a sugestão dos zapatistas *(caminar preguntando)*, o que significa que o saber se elabora através do próprio processo de experiência. Mas a multiplicidade dos coletivos humanos é também a consequência de trajetórias históricas diferenciadas, a partir das quais o ímpeto emancipador pode ser engajado de maneiras diversas. Os modos de subjetivação, a maneira de agenciar o cuidado com o bem comum e a liberdade das singularidades, os valores guiando a vida e o estatuto atribuído ao não humano podem variar e orientar em direção a escolhas coletivas distintas. O mundo da autonomia dos coletivos é um mundo da multiplicidade de subjetividades e de opções de vida.

Ao mesmo tempo, essa multiplicidade não ganha verdadeiramente seu sentido senão articulando-se a um espaço comum de reconhecimento. Uma relação de respeito mútuo entre a diversidade das opções coletivas é uma condição mínima para a coordenação das autonomias, mas é altamente desejável que ela repouse também sobre o cuidado de uma interação dialógica na qual o desejo de cada coletivo de se transformar pode se enriquecer com a descoberta de outras trajetórias. É sobre uma tal base que o conjunto das autonomias e das culturas que compõem a humanidade pode assumir o que elas compartilham, começando pelo planeta Terra, sua morada em comum.

Dar lugar à multiplicidade constitutiva de uma humanidade que se reconhece em sua unidade – uma unidade que não nega a sua diversidade interna nem implica uma separação absoluta com o não humano – exige que se esboce um novo universalismo, bem distante daquele das Luzes, que é apenas a universalização dos valores europeus e não afirma a igual dignidade de todos os humanos senão abstraindo as suas particularidades reais. Ademais, o projeto emancipador desenvolvido nos capítulos precedentes não teria como se desenvolver sem uma ruptura antropológica. É impossível conduzi-lo a bom termo mantendo, ao mesmo tempo, intactas as representações dominantes da modernidade ocidental. Um tal projeto reclama, tanto quanto um novo universalismo, uma outra concepção do humano, e também relações entre o humano e o não humano.

O mundo que nós construímos depende das formas de luta colocadas em ação no próprio processo de sua construção. A multiplicidade dos mundos supõe uma multiplicidade de caminhos. Não é mais o momento de atribuir um papel central às lutas travadas nas zonas centrais do sistema-mundo e convém se desfazer de uma concepção ocidentocentrada dos processos de emancipação. Não se trata somente de celebrar a convergência das resistências mundiais, mas reconhecer que a impulsão emancipadora está ancorada nos cinco continentes, mesmo se ela se manifesta segundo modalidades bem diferentes. Dar lugar àquelas que podem parecer as mais distantes ou as mais desconcertantes para um olhar ocidentalizado é uma maneira de se engajar no processo de constituição intercultural do mundo e da multiplicidade.

Convém, para analisar essa questão, partir de novo de uma característica do capitalismo neoliberal que foi um pouco negligenciada no primeiro capítulo: a guerra que ele trava contra a subsistência; dito de outra maneira, a expansão da esfera do valor até os universos naturais e humanos onde ele não havia até então penetrado senão de maneira superficial ou pelo menos parcial.

DA GUERRA CONTRA A SUBSISTÊNCIA À AFIRMAÇÃO DO BEM VIVER

O capitalismo se alimentou continuamente da expropriação das sociedades não capitalistas, a fim de proceder a exploração de seus recursos e de seus membros.[109] Todavia, essa dimensão pareceu

---

[109] David Harvey enfatizou que "a acumulação pela desapropriação" é um traço permanente do capitalismo, que não se limita à acumulação dita

estar a ponto de ser esquecida, quando as noções de fluidez e de desterritorialização pareciam poder descrever as tendências dominantes de um mundo no qual a financeirização incitava igualmente a prestar atenção apenas aos aspectos mais virtuais da economia. Mas, ao menos desde as guerras do Afeganistão e do Iraque, os desafios geopolíticos retornaram ao centro das atenções, da mesma maneira que uma clara tendência à reterritorialização das formas de dominação. O açambarcamento das terras e dos territórios, que certamente não tinha desaparecido, intensificou-se mais uma vez. As terras cultiváveis são objeto, da parte de atores não tão novos, de apetites ferozes, aguçados pela conjunção das exigências das indústrias agroalimentares, do impulso dos agrocombustíveis como suposta solução para a crise energética, para a crise alimentar aberta desde 2008 e para a ameaça de penúrias para os decênios por vir que empurram alguns Estados, associados às grandes empresas (notadamente a Arábia Saudita, a China e a Coreia do Sul), a realizarem gigantescas compras de terras, levando a fazer da terra um investimento atrativo para os grandes operadores financeiros. Vale mencionar também o interesse pela valorização turística das zonas ainda preservadas e a competição pelos recursos cada vez mais insuficientes e estratégicos, tais como a água ou a biodiversidade, objeto de uma intensa corrida pelas patentes. Enfim, enquanto as reservas de hidrocarburantes são cada vez mais cobiçadas, na medida em que estão em vias de esgotamento a um prazo mais ou menos curto, o crescimento das atividades mineradoras e sua transformação pesam sobremaneira. A rarefação tendencial das reservas e as novas condições técnicas conduzem a que se explore as jazidas com baixo potencial que,

---

"primitiva" ou "original" (*Géographie de la domination, op. cit.*, assim como *Le nouvel impérialisme*, Les Prairies Ordinaires, Paris, 2010 [Em português: *O novo imperialismo*, São Paulo, Loyola, 2004]). Ela inclui notadamente a expropriação das terras camponesas e a destruição dos fundamentos da "economia moral" das sociedades tradicionais.

anteriormente, teriam permanecido abaixo da linha de rentabilidade. Os territórios cobiçados pelas companhias mineradoras se dilatam consideravelmente, ao ponto de 70% do México, por exemplo, ser considerado suscetível de conter jazidas importantes. Nesse novo dispositivo técnico-produtivo, as minas a céu aberto tratam massas colossais de rocha, provocando devastações ecológicas e humanas de uma dimensão inédita. São marés tóxicas de lama que desaguam nos rios, enquanto a exploração deixa atrás dela crateras gigantescas podendo atingir seis quilômetros de diâmetro e até cinco de profundidade.[110]

A intensificação da ofensiva não visa somente os territórios, mas também as populações. Trata-se de integrar à economia de mercado as centenas de milhões de indivíduos que vivem amplamente fora – ou ao menos às margens – de suas normas. As formas tradicionais de organização social, as relações fundadas sobre uma "economia moral" não mercantil, bem como os saberes de subsistência devem ser liquidados para difundir o uso de pesticidas, de fertilizantes industriais, de sementes geneticamente modificadas e dar lugar aos fetiches do consumo moderno, como o telefone celular, que prolifera até nos nossos campos mais afastados. O que Majid Rahnema e Jean Robert, na esteira de Ivan Illich, qualificaram de "guerra contra a subsistência" é a continuação de um processo secular de expansão da esfera mercantil: destruindo as maneiras tradicionais de garantir a subsistência e acentuando a dependência com relação às necessidades fabricadas pela economia de mercado, ela desloca milhares de indivíduos das formas de pobreza tradicional, característica das sociedades agrárias, para a miséria moderna.[111]

---

[110] Andrés Barreda, "Avaricia minera, trasfondo en San Juan Copala", Ojarasca, outubro de 2010, p. 10.

[111] Majid Rahnema e Jean Robert, *La Puissance des pauvres, op. cit.*; assim como Jean Robert, *Crisis: el despojo impune. Como evitar que el remedio sea peor que el mal*, Cideci-Unitierra, San Cristóbal de las Casas, 2009, capítulos 4 e 5.

A guerra contra a subsistência se identifica sem problemas com a dinâmica secular de expansão do capitalismo. Ela precisa, ao mesmo tempo, apropriar-se dos recursos necessários para a esfera produtiva e conformar as populações às normas da produção mercantil e aos hábitos de consumo. Hoje, a tensão entre a esfera do valor e da acumulação e as formas de vida que lhe escapam ainda parcialmente se exacerba, sem dúvida porque ela se aproxima de um duplo limite, ao mesmo tempo econômico (esgotamento de centenas de recursos e efeitos multiplicados de perturbações ecológicas) e ligado a um englobamento quase completo da humanidade na economia de mercado. É permitido pensar que a contradição entre a lógica da mercantilização e as formas de existência não mercantis tende a se tornar uma contradição dominante no seio do sistema-mundo atual.

Um dos aspectos dessa contradição tem a ver com as resistências que suscitam a expansão da esfera de valorização capitalista e os modos de espoliação que ela acarreta. Essas resistências podem ser provocadas por um projeto específico (hidroelétrico, minerador, turístico ou outro) ou por medidas que coloquem em questão a posse coletiva da terra (como a reforma do artigo 27 da Constituição mexicana, em 1992, ou os ataques contra as terras comunais dos Índios da Amazônia peruana, em 2009). Entre as ações mais coordenadas, pode-se mencionar, sem pretender que sejam as únicas ou as mais radicais, aquelas dos povos indígenas, notadamente na América Latina.[112] Não há necessidade de evocar aqui uma essência étnica: basta dar espaço, por um lado, para uma situação concreta, que vê esses povos reivindicarem a defesa de seus territórios *contra* a ofensiva da qual eles são objeto, e por outro, para uma longa história tecida por imposição colonial e por um aprendizado secular de múltiplas formas de resistência.

---

[112] Para um visão de conjunto das lutas indígenas na América Latina e uma salutar advertência contra toda ideia de uma indianidade atemporal, ver Yvon Le Bot, *La grande révolte indienne,* Robert Laffont, Paris, 2009.

Hoje amplamente integrados nos circuitos da economia capitalista (no essencial em uma posição de hiperexploração ou de dependência em relação à cotação das matérias-primas) e encorajados por um reconhecimento internacional de seus direitos à autodeterminação e ao controle de seus territórios (Convenção 169 da OIT, depois Declaração da ONU sobre os direitos dos povos originários), eles puderam, experimentando ao mesmo tempo transformações permanentes de uma vida coletiva tão histórica quanto aquela dos outros povos, construir seu presente associando a ele certos elementos de sua economia moral tradicional e de seus saberes de subsistência. Sem fazer dos povos indígenas uma enésima versão da perfeição do bom selvagem, sua concepção mais ecocentrada da relação para com a Mãe Terra e seu senso do coletivo (que não exclui nem a diferenciação social, nem as hierarquias de estatuto, de prestígio ou de gênero, mas que se enraíza na posse coletiva da terra e nas práticas costumeiras de ajuda mútua), poderiam constituir uma fonte de inspiração, ou melhor, um útil ponto de apoio para uma humanidade ocidentalizada cujos valores fundamentais, como o individualismo competitivo e a instrumentalização da natureza, têm parte com a crise de civilização à qual está confrontada.

Na América Latina, a resistência mais determinada à ordem neoliberal provém das comunidades indígenas que lutam para defender suas terras e seus territórios. Mesmo que certas organizações se agarrem a um neoindigenismo que espera do Estado vantagens e perspectivas de desenvolvimento, outros movimentos se radicalizam diante da ofensiva que devem encarar. Eles tecem redes continentais e amplificam sua perspectiva anticolonial e anticapitalista. Para eles, o inimigo que engajou uma nova guerra de conquista está claramente identificado e não é outro senão a economia capitalista. Mas sua resistência não é somente defensiva; ela promove uma outra organização coletiva que se condensa na reivindicação do Bem Viver (*sumak kawsay* em língua quéchua, *lekil kuxlejal* em maia *tseltal*). Estaríamos enganados em ver nessa noção a expressão de uma sabedoria imemorial: trata-se muito mais de um conceito, em vias de elaboração, de uma construção coletiva dos povos ameríndios cruzando suas tradições culturais próprias e as exigências de uma defesa/criação forjada no contexto dos ataques sistemáticos atuais.[113] O Bem Viver é antes de tudo a afirmação da vida, humana e não humana, contra o que a nega, a saber, a potência destrutiva da produção-para-o-lucro. Supondo a crítica da ideologia do progresso e do desenvolvimento, o Bem Viver coloca o dilema de maneira límpida: capitalismo ou vida. Mas o Bem Viver é sobretudo o *qualificativo* do viver humano. Por oposição à quantificação mercantil que mensura tudo em dinheiro ou em bens materiais, o qualificativo não mede. Ele pode apenas colocar-se à prova em termos éticos e estéticos, no prazer do ser e do fazer. Enfim, dois princípios estão no coração do Bem Viver: de um lado, uma ética do coletivo, que faz com que prevaleça a solidariedade, a ajuda a outrem e a convivialidade, em detrimento das relações de competição e de dominação; de outro, um princípio de equilíbrio geral (por vezes denominado harmonia), que deve prevalecer nas relações entre os seres e notadamente entre os humanos e a Mãe Terra.[114]

É evidente que o Bem Viver" pode ser esvaziado de uma boa parte de seu sentido (notadamente quando ele aparece, nas Constituições bolivianas e equatorianas, ao lado de exigências do desenvolvimento), ou até transformado em slogan do assistencialismo

---

[113] Ver, por exemplo, as intervenções no Fórum "El buen vivir de los pueblos indígenas andinos", organizado em Lima em janeiro de 2010 pela Coordenadora Andina de Organizaciones Indígenas, notadamente aquelas de Mario Palacios Panéz e Fernando Huanacuni Mamani. Em francês, ver Raúl Zibechi, "Le 'bien-vivre' comme 'un autre monde possible'", *Entropia*, n. 9, 2010, p. 28-38, que analisa muito bem as potencialidades críticas do Bem Viver", mas também as contradições que podem afetar o princípio.

[114] A título de esboço de trabalho intercultural, poderemos comparar essa concepção do Bem Viver com aquela, bem diferente, da "vida boa" em Aristóteles (*Ética a Nicômaco*) e na reelaboração que propõe Paul Ricœur, *Soi-même comme un autre*, Points-Seuil, Paris, 1990, sétimo estudo [Em português: O *si-mesmo como um outro*, São Paulo, Martins Fontes, 2014].

estatal (ele aparece também, no próprio Equador, em cartazes exaltando a ação do governamental). Tais recuperações não podem ser ignoradas, mas elas não impedem de modo algum que nos apropriemos desse conceito que, compreendido em sua plena radicalidade, condensa um projeto de organização coletiva opondo-se de maneira diametral às normas da sociedade da mercadoria. É por recusar os próprios fundamentos da expansividade do produtivismo depredatório do capitalismo que ele autoriza a busca de relações equilibradas entre a humanidade e o planeta que ela habita.[115] E é na medida em que renuncia à concentração privada dos recursos e dos bens que ele pode efetivamente fazer prevalecer relações de reciprocidade e de coparticipação nas tarefas de organização coletiva: o Bem Viver não tem sentido se não for igualmente compartilhado por todos.[116] Ele se baseia em valores e em práticas tradicionais dos povos ameríndios, mas – mesmo que algumas dessas versões frisem por vezes o essencialismo étnico – não pretende se fechar em um culto do passado indígena, nem em uma concepção fixista da indigeneidade. Trata-se, para aqueles que o defendem, de se apoiar sobre a tradição e reinterpretar sua trajetória singular, em vista dos perigos presentes e em função de um desejo de preservação/emancipação voltado para o futuro.[117]

---

[115] A insistência sobre a noção de harmonia não implica, como poderíamos temer, a submissão a uma ordem imutável e a uma tradição reputada impossível de transformar. O pensamento da harmonia só contradiz a preocupação com a transformação coletiva quando postula uma perfeição presente (é muito particularmente sua associação com os poderes do Estado que tende a lhe conferir esse caráter). Nas concepções do Bem Viver, o fato de partir dos desequilíbrios presentes permite combinar a busca pela harmonia e o desejo de emancipação. No mundo realizado do Bem Viver e das autonomias, o cuidado com a harmonia deveria se combinar com a consciência de sua inevitável incompletude e então das transformações a serem feitas em permanência para melhorá-lo (lembremos que, para os zapatistas, a construção da autonomia "não tem fim").

[116] O viver bem (para todos) se opõe claramente à injustiça social atual na qual o viver mal da maioria é a condição do viver (muito) bem de alguns.

[117] Trata-se aqui, como no conjunto do presente capítulo, de romper com uma concepção propriamente modernista da emancipação fundada sobre a rejeição do passado. A construção intercultural de um projeto emancipador

O Bem Viver nos adverte que os povos ameríndios, pelo menos uma parte importante deles, não aspiram às delícias prometidas pela modernidade e pelo consumo de massa. Muito pelo contrário, tendo adquirido a clara consciência do caráter destruidor da economia mercantil e da crise da civilização na qual se afunda o sistema-mundo capitalista, eles propõem, apoiando-se em uma revitalização de sua própria dinâmica histórica, uma opção completamente outra para a humanidade.[118]

Em vista deste exemplo (e poderíamos examinar muitos outros), seria mais lamentável ainda postular que não existem potencialidades emancipadoras senão em uma tradição crítica nascida no seio da modernidade ocidental. Para além do fato de que as correntes dominantes de uma tal filiação se enganaram redondamente e teriam todo o interesse de procurar *alhures* reforços preciosos para ajudar na sua refundação, deve-se recusar o etnocentrismo, que consistiria em remeter inelutavelmente os mundos não ocidentais à imagem conservadora, hierarquizante e patriarcal da tradição. Ao contrário, as aspirações emancipadoras inscritas na história ocidental e aquelas que portaram e portam as sociedades não ocidentais podem se fecundar mutuamente, para melhor confrontarem o mundo da destruição.[119]

supõe um regime de historicidade plural no qual diversas configurações temporais são suscetíveis de serem associadas a uma perspectiva liberadora. No caso, não se trata de pensar um retorno ao passado, mas "um desvio para o passado" permitindo projetar-se em direção a um futuro novo, assim como colocaram muito bem em evidência Michael Löwy e Robert Sayre, *Révolte et mélancolie. Le romantisme à contre-courant de la modernité,* Payot, Paris, 1992 [Em português: *Revolta e melancolia,* São Paulo, Boitempo, 2015].

[118] O Bem Viver seria no Sul o que o decrescimento é no Norte: com exceção de que no Norte o decrescimento conduz à crítica de um modo de vida e de consumo efetivamente experimentado, enquanto o Bem Viver se manifesta como recusa em adotar um modo de vida que só foi experimentado muito parcialmente. Se a sedução do mundo das mercadorias é inegável e causa devastações por toda parte, afirmar que o conjunto da humanidade não deseja nada de diferente a não ser gozar das delícias do consumo moderno é uma forma de ocidentalização que encontra aí um desmentido claro.

[119] O "coquetel zapatista", tal como é definido pelo subcomandante Marcos, é mesmo um encontro entre duas tradições de emancipação e de luta: uma

Trata-se, de certo modo, de atacar o sistema-mundo capitalista *pelas duas pontas*, aliando o desejo de superação daqueles que se esforçam para sair da sociedade da mercadoria e a capacidade de resistência criativa daqueles que relutam em se deixar absorver inteiramente e defendem com obstinação formas de experiência parcialmente preservadas das relações mercantis. Nesse sentido, o Bem Viver proposto pelos povos ameríndios constitui um acréscimo teórico-prático de um alcance considerável: é uma maneira extraordinariamente pertinente de recusar a norma central do universo capitalista – o imperativo insensato da produção-pela-produção – e de fazer escolhas relativas à forma mesma da *vida vivida*, o coração sensível da organização coletiva.

A história dos povos do mundo está saturada de lutas e de revoltas que apenas a adesão cega à mitologia do progresso conduziu a encaixar sistematicamente na rubrica da defesa retrógrada das tradições. Inúmeras rebeliões, salpicando geografias e calendários, testemunham uma impulsão ao mesmo tempo socialmente e politicamente igualitária. Assim, durante a insurreição dos Turbantes Amarelos (Taiping Tao), na China, em 184, quando centenas de milhares de camponeses pobres organizaram a Comunidade da Grande Paz, ou ainda durante meio século ao longo do qual o Quilombo dos Palmares, no Brasil, resistira aos exércitos coloniais, ou ainda em muitos outros casos, nos quais prevaleceu a posse coletiva da terra, o trabalho em comum e a partilha igualitária das colheitas.[120] Quanto ao igualitarismo político, ele se manifesta, mesmo quando a urgência impõe que se nomeiem chefes militares, na participação de todos em assembleias e na capacidade de decisão que elas testemunham. Fora até mesmo das situações de

---

de filiação ocidental (através da formação marxista dos primeiros guerrilheiros), e outra própria dos povos indígenas; ver *supra*, capítulo 2.

[120] A obra coletiva *Días rebeldes. Crónicas de insumisión,* Octaedro, Barcelona, 2009, oferece um panorama, forçosamente sucinto e seletivo, mas muito sugestivo, desse espírito rebelde que atravessa a história dos povos de todos os continentes.

rebelião, a tomada de decisão coletiva em assembleia é atestada em todo mundo, da Melanésia até Madagascar, sem esquecer as sociedades ameríndias nas quais o modelo das chefias sem poder não é certamente generalizado, mas nas quais a figura das autoridades sem força coercitiva, desempenhando o papel de pivô do interesse comum, é encontrada com bastante frequência.[121] É fato que o recurso à assembleia comunitária e a capacidade de nomear autoridades às quais são confiados os encargos particulares, sob vigilância da comunidade, podem se combinar, de maneira variável, com uma dimensão hierárquica e com a exclusão das mulheres, enquanto processos de concentração das prerrogativas nas mãos dos chefes, que escapam então do controle da comunidade, testemunham o fracasso frequente dessas sociedades em preservar o primado das relações igualitárias no seu seio.[122]

Seria igualmente vão crer em uma essência igualitarista dos mundos não ocidentais e persistir em atribuir apenas ao Ocidente uma vocação democrática e uma missão libertadora. Admitamos de preferência que a história dos povos de todos os continentes é marcada por um desejo de igualdade, tanto no plano social (acesso aos bens materiais e simbólicos) quanto político (participação nas tomadas de decisão). Longe de ser o monopólio de uma só civilização, tais impulsos devem ser tomados por um bem comum da humanidade. Que eles tenham sido subjugados por forças contrárias tendo feito prevalecer, na maioria dos casos, a punção sobre o trabalho de outrem, a hierarquização social, a dominação masculina e o poder do Estado não impede que seja

---

[121] Para uma releitura sugestiva não ocidentalizada da história das práticas democráticas, ver David Graeber, "La démocratie des interstices. Que reste-t-il de l'idéal démocratique?", *Révue du Mauss*, n. 26, 2003, p. 41-88. Fazemos também alusão aqui, apesar das revisões parciais que ela exige, à obra clássica de Pierre Clastres, *La société contre l'État*, Minuit, Paris, 1974 [Em português: *A sociedade contra o Estado*, São Paulo, Ubu, 2017].

[122] Para uma análise dos processos de cristalização da dominação política (apesar dos mecanismos de resistência a esta) no seio das sociedades ditas "primitivas", ver Maurice Godelier, *Sur les sociétés précapitalistes*, Éditions Sociales, Paris, 1970.

sobre essas potencialidades igualitárias, manifestadas tanto pelos "modernos" como pelos supostos "primitivos", pelos ocidentais como por todos os seus "outros", que se possa apoiar a construção de múltiplos caminhos suscetíveis de conduzir os humanos para fora do mundo da submissão às coisas, da desapropriação dos seres e da destruição do vivente.

EM DIREÇÃO A UM PLURIVERSALISMO INTERCULTURAL

O mundo do comum parte da autonomia das comunidades locais, mas supõe também a consciência de uma "comunidade planetária". Será preciso, então, dar espaço ao universal, mesmo que seja para evitar todo risco de absolutização das identidades particulares? Não pode se tratar, entretanto, do universalismo herdado das Luzes, o qual foi criticado por ter sido construído sobre a base de um Homem abstrato e por negar a diversidade dos seres reais.[123] Mas seria doravante possível construir um universalismo que escape à crítica de não ser apenas uma universalização de valores particulares, no caso, ocidentais?[124] E seria possível pensar um universalismo concreto que se funde no reconhecimento da especificidade dos lugares, da diversidade dos seres e da autonomia das experiências? A tarefa é seguramente menos simples que aquela do universalismo abstrato, para o qual é cômodo afirmar a unidade do gênero humano ocultando ao mesmo tempo os traços que diferenciam os seres reais e que tornam suas experiências específicas, o que equivale a postular a identidade de todos os humanos sem nem mesmo

---

[123] Moishe Postone destaca que o universalismo das Luzes é historicamente constituído por formas sociais características do capitalismo, notadamente a predominância da abstração (*Temps, travail et domination sociale, op. cit.*, p. 243-244).

[124] Immanuel Wallerstein evoca assim a passagem do que ele denomina o "universalismo europeu", historicamente constituído, para um "universalismo universal", ainda parcamente esboçado (*L'Universalisme européen. De la colonisation au droit d'ingérence*, Demopolis, Paris, 2008 [Em português: *O universalismo europeu*, São Paulo, Boitempo, 2007]).

perceber o que pode lhe ser um obstáculo. Como sublinharam Theodor Adorno e Max Horkheimer, "a conciliação do universal e do particular é desprovida de todo valor", tanto que não existe "nenhuma tensão entre os dois polos: os extremos que se tocam cedem o passo a uma identidade confusa; o universal pode substituir-se ao particular e vice-versa.[125]

Pelo contrário, trata-se de pensar o universal e o particular como dois polos separados, mas suscetíveis de serem articulados ao preço de um difícil trabalho para *colocar em relação diferenças concretas*, para estabelecer pontes entre experiências específicas e lugares próprios. Uma tal lógica se manifesta com força na experiência zapatista e, particularmente, na afirmação que condensa seu espírito: "Nós somos todos iguais porque somos diferentes".[126] O paradoxal *porque* quebra a ideia segundo a qual a igualdade e a unidade humanas deveriam ser definidas *apesar das* diferenças entre os indivíduos, os povos ou os sexos. Ele reivindica uma igualdade e uma unidade pensadas e vividas *a partir* das diferenças e baseadas em seu pleno reconhecimento. Pode-se então vislumbrar um universalismo concreto se construindo em uma luta efetiva para conciliar o particular e o universal, a força da experiência local e a preocupação com uma humanidade em busca de sua realização plena, com a realidade concreta das solidariedades interpessoais e a consciência da unidade do gênero humano.

---

[125] Theodor Adorno e Max Horkheimer, *La dialectique de la raison*, Gallimard, Paris, 1974 [Em português: *Dialética do esclarecimento*, Rio de Janeiro, Zahar, 1985]. A distinção entre universal abstrato e universal concreto, colocada por Hegel, foi comentada por Marx, para quem a universalidade concreta é uma unidade que não nega a diversidade dos seres reunidos: "o concreto é concreto porque ele é a reunião de múltiplas determinações, logo, unidade da diversidade" (*Manuscrits de* 1857-1858, Éditions Sociales, Paris, 1980; citado por Anselm Jappe, *Les aventures de la marchandise. Pour une nouvelle critique de la valeur*, Denoël, Paris, 2003, p. 84).

[126] "*Bienvenidos a este rincón del mundo donde todos somos iguales porque somos diferentes*", Major Ana Maria, inauguração do Encontro intercontinental para a humanidade e contra o neoliberalismo, 27 de julho de 1996 (EZLN. *Documentos y comunicados*, Era, México, 1997, vol. 3, p. 316).

Qualificaríamos esse reconhecimento da diversidade humana e cultural de "pluriversalismo"?[127] Não se trata, todavia, de substituir a afirmação de uma unidade homogeneizante pelo culto da diversidade, tanto quanto, na era da fragmentação pós-moderna e dos identitarismos étnicos ou nacionais, remeter-se apenas à proliferação das diferenças se revela mais do que perigoso. Por certo, o esforço para construir um universalismo concreto caminha sobre uma corda bamba estreita, entre uma homogeneização destruidora da diversidade e particularismos essencializantes. É por isso que preferiremos falar de *pluriversalismo*, para tornar sensível a conjunção, tão necessária quanto difícil, da unidade e da pluralidade. É de fato essa conjunção que expressa a aspiração zapatista em construir "*un mundo en donde quepan muchos mundos*" ("um mundo feito de numerosos mundos") ou, para ser mais preciso, "um mundo onde numerosos mundos possam ter seu lugar". Nessa formulação, a multiplicidade dos mundos não é dada por ela mesma, como constatação de uma simples coexistência; ela se articula com a unidade de um mundo comum, organizado de maneira a respeitar sua multiplicidade constitutiva e a permitir-lhe desabrochar. A pluralidade dos mundos e o reconhecimento de um domínio compartilhado caminham juntos e são estritamente indispensáveis um ao outro. É a partir do comum, da coparticipação ao que é compartilhado, que o reconhecimento da multiplicidade ganha sentido, ao mesmo tempo que o comum não pode se construir senão a partir da pluralidade das experiências que implica.

Mas em que pode consistir a parte compartilhada desse pluriversalismo? Em vista das falsas construções às quais deram lugar até hoje as pretensões a dizer o universal, sempre particulares e frequentemente dominadoras, parece razoável reconsiderar tudo e admitir que não há universal preestabelecido. Se *o universal* existe

---

[127] Ver em especial Serge Latouche, *L'occidentalisation du monde. Essai sur la signification, la porté et les limites de l'uniformisation planétaire*, La Découverte, Paris, nova edição aumentada, 2005, p. 20-22 [Em português: *A ocidentalização do mundo*, São Paulo, Vozes, 1994].

– faixas de encontro onde se possa experimentar, por mais parcialmente que seja, o comum –, ele só pode se tratar de um terreno inteiramente a construir em um diálogo verdadeiro, conduzido, enfim, sobre um plano de igualdade entre culturas e humanidades múltiplas. Claro, alguma coisa pelo menos parece poder ser apresentada prontamente: o pertencimento de todos à humanidade e a igual dignidade de todos os seus membros, enunciado do qual deve-se destacar que não pressupõe de modo algum enclausurar o humano nele mesmo, em seu isolamento dominador.[128] Esse menor denominador comum, primeira ancoragem do trabalho intercultural, não pode, entretanto, ser reduzido apenas à dimensão biológica da espécie humana e pode-se admitir que o que é compartilhado é a consciência do pertencimento à *comunidade dos humanos sobre a terra,* ela mesma indissociável da biocomunidade dos humanos e dos não humanos. Para além desse alicerce mínimo, arriscar-se a invocar grandes experiências compartilhadas, do nascimento até a morte, significaria esquecer que estas não são nunca vividas senão através da mediação de representações e de práticas socioculturais específicas. E propor valores que se supõem universais seria bem temerário, pois estes não podem ser declarados tais se não forem baseados em um consenso verdadeiramente geral, adquirido em condições de um diálogo entre iguais que, apesar de algumas tentativas sugestivas, nunca foi levado à escala necessária. É claro que é grande a tentação de

---

[128] Quanto à ideia de uma igual dignidade das culturas, nos absteremos de afirmá-la, alegando que não existe nenhuma medida universalmente reconhecida que permita valorar e comparar as culturas. Como afirma Claude Lévi-Strauss, "nenhum critério permite julgar em absoluto uma cultura superior a uma outra" (*De près et de loin,* Odile Jacob, Paris, 1988, p. 205 [Em português: *De perto e de longe,* São Paulo, Cosac Naify, 2005]). Todavia, para contrabalançar os riscos de um relativismo absoluto, pode-se admitir que todas as culturas e todas as sociedades não podem dar conta senão de um resumo um pouco *mitigado,* o que lembra oportunamente o enunciado de Walter Benjamin segundo o qual, até hoje, "não existe nenhum documento de cultura que não seja também um documento de barbárie" (*Thèses sur la philosophie de l'histoire. Essais* 2, Denoël, Paris, 1971 [Em português: *Sobre o conceito de história,* edição crítica, São Paulo, Alameda, 2020]).

lançar passarelas provisórias, frágeis andaimes a partir dos quais iniciar uma construção mais sólida. E mais, não poderia se tratar senão de esboços de valores transculturais, bem longe ainda de poderem ser declarados universais, e seria prudente lançar-se na busca, menos de valores comuns, conceitualmente unificados, do que de extensões de encontros e imaginários entrando em ressonância, baseados em uma tradutibilidade parcial de enunciados culturalmente especificados.[129] A partir das observações encaminhadas anteriormente, será feita a aposta de que uma humanidade em busca de sua realização fora das formas sociais marcadas pela exploração, a dominação e a desapropriação poderia ser suscetível de transcrever suas aspirações compartilhadas nesses termos remetendo, segundo modalidades diversificadas, a noções tais como o respeito a outrem, a dignidade,[130] a igualdade de gênero,[131] o cuidado com a justiça (no acesso aos bens e às capacidades de decisão), ao que se poderia acrescentar um princípio de equilíbrio, frequentemente denominado harmonia, que englobaria o humano e o não humano. Mas seria avançar demais, quando importa somente, por hora, preocupar-se com as condições suscetíveis de tornar possível um tal processo de construção.

[129] Boaventura de Sousa Santos propõe a procura de "preocupações isomórficas" entre culturas diferentes, baseada em um trabalho indispensável de tradução (*Uma epistemologia del Sur,* Siglo XXI-Clacso, México, 2009 [Em português: *O fim do império cognitivo: a afirmação das epistemologias do Sul,* São Paulo, Autêntica, 2019], assim como *Para descolonizar el Occidente. Más allá del pensamiento abismal,* Clacso, San Cristóbal de Las Casas, 2012).

[130] A dignidade é onipresente nas lutas indígenas, e em particular nas concepções zapatistas; ver supra, capítulo 2. Acrescentemos que ela é *luta* contra tudo o que a nega (o desprezo, a discriminação, a ausência de condições de vida decentes) e repositório de *indignação* face à injustiça.

[131] Essa igualdade não é evidentemente concebida de maneira homogeneizante, mas a partir das diferenças. Para uma tentativa de construção intercultural das reivindicações de gênero, ver Sylvia Marcos e Marguerite Waller (dir.), *Diálogo y diferencia. Retos feministas a la globalización,* UNAM, México, 2008, em particular Joy Ngozi Ezeilo, "Feminismo y derechos humanos en la encrucijada de Africa: reconciliando universalismo y relativismo cultural", p. 421-456 (que engaja uma reformulação dos valores universais a partir de uma dupla crítica do individualismo ocidental e do caráter hierárquico e discriminante para com as mulheres do comunalismo tradicional).

É através do termo *interculturalidade* que se pode designar essa abordagem, sob a condição de ver nisso um projeto propriamente político de cocriação de uma humanidade emancipada, em oposição ao multiculturalismo sistêmico que celebra as diferenças, conquanto elas se mantenham nos limites razoáveis (culturais e despolitizados), e faz delas até mesmo uma das modalidades privilegiadas de controle das populações.[132] Quais são os primeiros passos suscetíveis de engajar essa conformação intercultural de uma humanidade una e múltipla? Um primeiro registro, mínimo, é aquele do respeito mútuo entre maneiras de ser e de pensar distintas, entre culturas e constelações epistêmicas diferentes. Essa coexistência respeitosa implica a proporcionalidade, quer dizer, o reconhecimento de seus limites por parte de cada coletivo, de seu próprio espaço e daquele que corresponde ao dos outros coletivos. Tal é a base de todo encontro e de toda cooperação entre múltiplos coletivos que compõem o mosaico planetário.

Podemos ainda desejar ir além da simples aceitação respeitosa do outro para passar a um reconhecimento do *valor* do outro. Abre-se então a possibilidade de um diálogo no qual nenhum coletivo teria razão para se engajar se não percebesse no mundo do outro uma chance e uma ocasião para transformar seu próprio mundo e enriquecê-lo, a não ser fazendo-o existir à luz de outros humanos e não humanos possíveis.[133] Um tal diálogo pressupõe que a alteridade não permanece absoluta, totalmente impenetrável. A capacidade de *escuta*, predisposição a dar lugar, em si, ao outro, se prova aqui eminentemente preciosa, sem que se possa garantir que ela seja suficiente para

---

[132] Sobre a *combinação* entre gestão homogeneizante e gestão diferencial das populações, ver Maurizio Lazzarato, *Expérimentations politiques*, op. cit., p. 69-71.

[133] Nos referimos aqui e na sequência a Raul Fornet-Betancourt, *Tareas y propuestas de la filosofía intercultural*, Cideci-Unitierra, San Cristóbal de las Casas, 2009, *Filosofar para nuestro tiempo en clave intercultural*, Mainz, Aix-la-Chapelle, 2004 e, em francês, *La Philosophie interculturelle. Penser autrement le monde*, Éditions de l'Atelier, Paris, 2011.

desarmar as armadilhas e os mal-entendidos que se espalham necessariamente em um tal percurso. É preciso também um esforço paciente de compreensão – como a apreensão do que era até então inapreensível e a incorporação do que era estrangeiro – a fim de elaborar os intervalos de tradutibilidade entre universos culturais distintos.

Mas convém ainda assumir a consciência de uma incompletude, pois é no reconhecimento do inacabamento de si como da perfectibilidade do coletivo ao qual se pertence que a abertura à alteridade pode ter alguma chance de se operar. É desde o outro em si, desde o não si de si, que se inicia o encontro com a alteridade do outro. De resto, o diálogo intercultural ganha ao se articular com uma dimensão intracultural, preocupada em recuperar setores ocultos ou marginalizados de cada cultura. Essa parte dominada é de fato o outro em si de cada formação cultural e é com frequência nela que a alteridade das outras culturas ecoa. Uma outra maneira de dar lugar ao não si de si consiste em praticar a relativização de sua própria cultura, a se desprender do seu universo familiar, a fim de romper as ilusões próprias da naturalização dos fatos culturais. Mas a reflexibilidade autocrítica não é seguramente a única via pela qual pode se manifestar um desejo de autotransformação. Sob formas diversas, é no reconhecimento de não fixidez e da perfectibilidade de seu próprio universo cultural que o diálogo intercultural encontra as condições de sua fecundidade.[134]

A interculturalidade não é um *suplemento* que se acrescentaria à organização ecossocial da produção e ao agenciamento não estatal de autogoverno. Ela é uma das condições próprias do mundo

---

[134] A interculturalidade não deve ser entendida "como um diálogo entre identidades ou culturas compreendidas como unidades acabadas, mas como um diálogo entre formações históricas que transmitem mutuamente a sua história, na consciência de sua historicidade, quer dizer, narrando suas gêneses e transmitindo a contingência e a ambivalência daquilo que suas formações tiveram êxito em produzir", *Tareas y propuestas, op. cit.*

aqui evocado. A cooperação (federativa ou outra) dos coletivos autônomos depende disso, como depende a capacidade para suplantar as tensões entre os imperativos compartilhados de uma comunidade planetária e o respeito da diversidade das escolhas assumidas por coletivos engajados em trajetórias diferenciadas do ponto de vista cultural, epistêmico e ético. Por um lado, o esforço de construção intercultural deverá tentar fazer emergir as zonas compartilhadas de um universal concreto, o espaço movente forjado dialogicamente onde possa ao mesmo tempo se reconhecer a pluralidade dos mundos e experimentar uma humanidade constituída por suas diferenças.[135] Por outro, é preciso ter a ideia de que o mundo que está em questão aqui deve ser capaz de dar lugar a mundos *verdadeiramente* distintos uns dos outros.

REVIRAMENTO HISTÓRICO E REVOLUÇÃO ANTROPOLÓGICA

Sair do capitalismo significa bem mais do que uma simples mudança de sistema econômico. É uma ruptura com o conjunto da organização coletiva, política e social, assim como com os modos de produção das subjetividades próprias da sociedade mercantil. Mais profundamente ainda, isso implica romper com a forma de humanidade característica da modernidade ocidental e, sem dúvida, com tendências históricas de ainda mais longa duração, englobando o capitalismo e os grandes sistemas anteriores de exploração e dominação estatal. É, portanto, razoável vislumbrar um tal reviramento de civilização? A evolução das sociedades humanas, aparentemente orientada para escalas de organização cada vez mais amplas, para mecanismos de dominação e de controle cada vez mais sofisticados e tentaculares, não desmente uma tal

---

[135] A multiplicidade humana, entendida na perspectiva de uma interculturalidade política, é uma das alavancas de constituição de um mundo pós-capitalista: "A liberação da pluralidade se enraíza em uma vontade de compartilhar mundo e humanidade que engendra mundos liberados em reciprocidade, quer dizer, mundos reais próprios, mas se reconhecendo como cofundadores da realidade humana.", *ibid*.

eventualidade? O que cremos saber da natureza humana não a torna mais impensável ainda? Tais questões obrigam ao menos a considerar que a transformação radical aqui considerada é necessariamente também uma revolução antropológica.

O esquema de uma história que se supõe universal, levada da pré-história até os nossos dias por uma dinâmica de crescimento contínuo (da população, das capacidades de controle e de exploração da natureza, da produção, das trocas, da complexidade das organizações sociopolíticas etc.) é tão solidamente enraizado quanto ilusório. Sem dúvida, ele faz parte dos grandes mitos escolares inculcados a golpe de gráficos, de mapas e de incorporação do pensamento quantitativo. Essa lógica de crescimento aparentemente infinita é aquela que, sob os nomes de Progresso ou de Desenvolvimento, o Ocidente capitalista impôs ao resto do mundo ao longo dos últimos séculos. Mas, o fato de que ela arraste hoje o planeta inteiro em sua louca corrida não a autoriza em caso algum a emprestar uma tal lógica ao conjunto das sociedades humanas. A esmagadora maioria delas ignorou essa pulsão quantitativa e aumentativa, ou ao menos não fez dela a regra de ouro de sua vida coletiva, enquanto a pequena minoria daquelas que demonstraram expansividade conquistadora deram a esta uma forma imperial que se projetava para além de suas capacidades de controle levando-as a se desfazerem em um prazo mais ou menos breve. Mesmo as grandes civilizações asiáticas, como a China no século xv, implementaram mecanismos que vinham bloquear suas próprias tendências expansivas (comerciais ou outras), desde que estas ameaçassem ultrapassar certos limites e colocar em perigo os equilíbrios internos. O mito de uma história universal propulsionada pelo Progresso não oferece nenhuma lição de alcance universal: ele é o fato de apenas *uma* civilização, certamente bastante particular para ter se imposto a todas as outras, mas da qual seria perigoso projetar as características sobre a humanidade inteira e confundir o destino próprio com a história multiforme e multimilenar das sociedades humanas.

Seja como for, o ponto ao qual a expansão empreendida sob os auspícios do Ocidente conduziu a humanidade faz do reviramento radical uma necessidade absoluta, uma estrita questão de sobrevivência. Não há outra opção a não ser engajar uma derrubada das dinâmicas profundas de uma história longa, a menos que se aceite que não possa mais haver de modo algum uma história humana. O mundo que produz a possibilidade de uma autodestruição da humanidade é também aquele que produz a necessidade de uma inversão de tendência radical. Estamos nesse momento no qual o destino do planeta e da humanidade que deseja continuar a habitá-lo devem se recriar inteiramente, em uma redistribuição completa das opções históricas.

Será que o universo social evocado no capítulo precedente está condenado, por causa do que se pode saber sobre a natureza humana, permanecendo um sonho amável, tocante de ingenuidade? Como imaginar um mundo fundamentado na cooperação e na auto-organização não coercitiva, enquanto estamos habituados a tirar de nossa experiência e das supostas lições da história a certeza de que o humano se caracteriza pelo egoísta cuidado de si, pela busca do interesse pessoal ou, no melhor dos casos, por uma desencorajadora falta de convicção e de perseverança na realização das tarefas coletivas? Entretanto, lembrando que a natureza humana não é nada além de devir cultural, Marshall Sahlins mostrou que a imagem do homem procurando seu próprio interesse em detrimento de outrem constitui uma representação muito específica, forjada pelo Ocidente: em duas palavras, uma "ilusão ocidental".[136] Já colocada em evidência por Tucídides,

---

[136] Marshall Sahlins, *La nature humaine, une illusion occidentale*, op. cit. Lembremos que o mesmo autor deu uma contribuição maior à crítica da concepção progressista da história, cujo inevitável "ponto zero" é uma pré-história que acreditamos estar marcada pelo completo desamparo de uma humanidade encarando suas necessidades com uma extrema dificuldade: ver *Âge de pierre, âge d'abondance. L'économie des sociétés primitives*, Gallimard, Paris, 1976. Esta obra chamou também a atenção para as capacidades de autolimitação das primeiras sociedades humanas,

essa concepção encontra uma de suas expressões mais bem acabadas em Hobbes, que faz das instituições, e notadamente do poder de Estado, o único meio de escapar da guerra de todos contra todos a que conduziria o livre curso deixado às paixões inerentes à natureza humana, que obriga cada um a dominar o outro assim que possível. O séculos das Luzes acrescenta a isso, sem dúvida pela primeira vez na história da humanidade, uma valorização do egoísmo e do interesse pessoal que, no lugar de se mostrarem como inclinações naturais contra as quais a instituição levanta uma muralha, se tornam o fundamento mesmo e a razão de ser da vida em sociedade. Há dois séculos, os apologistas do capitalismo podem argumentar que este é, de todos os sistemas, o menos mal adaptado ao egoísmo da natureza humana, porque ele faz justamente do interesse pessoal e do esforço para satisfazê-lo os motores de seu funcionamento e seus valores cardeais. Mas isso é ocultar a própria razão dessa coincidência, pois a ideia dominante da natureza humana no Ocidente foi forjada no momento mesmo do impulso do capitalismo, à imagem e à semelhança dele. É absolutamente urgente e indispensável nos desfazermos de uma concepção do homem que não é senão a naturalização de uma representação fundada no interesse instrumental e destinada a convencer sobre o caráter inultrapassável – já que inscrito na própria essência do humano – do capitalismo.

Desaprender tudo o que toca essa imagem do homem não é fácil. No entanto, se não podemos recorrer ao angelismo de uma natureza inteiramente altruísta e pacífica, não estamos de forma alguma condenados ao fardo de uma natureza humana egoísta (Hobbes), perversa (Agostinho) ou votada a pulsões mortíferas (Freud), ameaçando a todo momento romper com a possibilidade da vida social, de maneira que seria somente contra o próprio homem e as forças antissociais alojadas nele que uma ordem coletiva

---

e notadamente para o desinteresse por um aumento produtivo que significaria um acréscimo de trabalho.

seria possível, através da coerção civilizacional, da repressão dos instintos e da inibição da soberania de todos em benefício do aparelho de Estado.[137] É suficiente, para se convencer disso, estar atento às centenas de sociedades humanas que elaboraram uma outra visão do humano e se precaveram de fundar sua organização sobre o interesse material, o produtivismo e a vontade de dominação. O fato de que numerosas sociedades (imperfeitamente) igualitárias tenham podido existir, se manter e por vezes se reforçar contribui para erradicar a concepção ocidental de uma suposta natureza humana: não ignorando nem a concepção, nem o engodo do ganho, nem o gosto do prestígio, várias dentre elas não souberam conter em certos limites as formas de hierarquia presentes em seu seio, evitar a concentração dos poderes e preservar suas instâncias de decisão democráticas.[138]

A ontologia da modernidade capitalista comporta ao menos três traços com os quais é preciso romper simultaneamente: a ideia de uma natureza (pré ou extrassocial) do homem, a preeminência do indivíduo sobre a sociedade e, enfim, a distinção entre natureza e cultura. Os humanos não podem existir a não ser socialmente, e as sociedades que eles criam não cessam de se transformar e de transformá-los. Mais do que o Homem, categoria abstrata remetendo a uma entidade anistórica, o *humano* designa a constituição social, eminentemente variável, o que quer dizer também que a "humanidade" não se refere a uma entidade biológica e não poderia ser pensada como um conceito unificador ou definido substancialmente.[139] É somente no pleno reconhecimento da sua diversidade cultural e histórica que se pode experimentar alguma coisa como a *humanidade*, quer dizer, também nas zonas

---

[137] Marshall Sahlins, *La Nature humaine*, op. cit.
[138] David Graeber, *Pour une anthropologie anarchiste*, Lux, Montreal, 2006 [Em português: *Fragmentos de uma antropologia anarquista*, Porto Alegre, Deriva, 2011] e "La démocratie des interstices", *loc. cit.*
[139] Trata-se de um conceito não unário e não substancial. Ele supõe o comum e uma certa unidade, sob condição de bem apreender a negação da sua multiplicidade constitutiva.

de interculturalidade que nascem desse reconhecimento. Quanto ao mito de um indivíduo preexistindo ao estado social, é uma elucubração sem pertinência: o humano se constitui desde logo *na* e *pelas* relações com os outros que a inscrição social coloca em jogo.[140] O postulado de uma dualidade entre indivíduo e sociedade desaba então e dá lugar, como já foi dito, a uma concepção interpessoal da pessoa. Implicando o pleno reconhecimento da natureza social do humano, esta é necessariamente aberta à multiplicidade e à variabilidade das situações históricas: os modos de produção das subjetividades deslizam na textura das interações coletivas no seio das quais eles operam. E, se admitimos que um humano é constituído pelos laços interpessoais que tecem pouco a pouco sua existência e a tornam possível, não há impedimento em pensar que uma sociedade fundada sobre a cooperação entre iguais e sobre o autogoverno permita desfazer-se da ilusão de uma natureza humana egoísta e antissocial.[141]

Trata-se igualmente de renunciar a colocar o homem à parte da natureza, sobrepairando-a. Essa separação, expressa pelo corte entre natureza e cultura (mas também pela cisão, no próprio homem, entre sua natureza presumida e seu ser social, ou ainda entre a parte animal e sua parte racional), nada tem de universal. À imagem de uma natureza humana egoísta e antissocial, ela

---

140 Ver François Flahault, *Le Paradoxe de Robinson. Capitalisme et société*, Mille et une nuits, Paris, 2005 (e para a formação do individualismo moderno, Louis Dumont, *Essais sur l'individualisme, Une perspective anthropologique sur l'idéologie moderne*, Le Seuil, Paris, 2ᵉ, 1985 [Em português: *O Individualismo. Uma perspectiva antropológica da ideologia moderna*, Rio de Janeiro, Rocco, 1993]).
141 E não há mais natureza humana boa e cooperativa. É evidente que os desejos de uns e de outros podem se exceder em rivalidades e conflitos e não se ajustar ao melhor funcionamento dos coletivos. Mas essas situações se reduzem consideravelmente e assumem proporções bem mais restritas, desde que as lógicas sociais deixem de suscitá-las e de utilizá--las, na medida também em que desaparecem as cadeias de frustração decorrentes do viver mal, das injustiças e das humilhações, na medida, enfim, que o desejo de reconhecimento, deixando de ser atiçado pela falta de consideração (ou pelo medo de ser vítima dele), toma as formas menos agonísticas e mais serenas.

é mesmo a "coisa do mundo menos compartilhada", segundo a expressão de Philippe Descola.[142] Essa ontologia, muito singular, qualificada de "naturalista" pelo mesmo autor, substitui certos aspectos do pensamento grego antigo, como a leitura medieval do relato bíblico da Criação, mas sua verdadeira cristalização se situa nos séculos XVII-XVIII, antes de conduzir, com a decolagem do capitalismo, a uma exploração intensiva dos recursos naturais e finalmente a um processo de produção da natureza, modificada geneticamente e submetida a uma mercantilização generalizada.[143]

Mudar de antropologia é também, então, modificar nossa concepção da relação entre o humano e o não humano. O preço da descontinuidade naturalista, entregando a natureza à dominação sem limite dos homens e aos apetites todo-poderosos da máquina econômica, está suficientemente estabelecido, e de maneira pesada, para que pareça indispensável encaminhar-se a uma opção continuísta que reintegre o humano no seio do mundo natural. Falar de continuidade entre o humano e a natureza, entre o humano e o animal, não remete a que se postule entre eles uma homogeneidade total ou uma completa identificação. Seria vão, ou mesmo pernicioso, negar as particularidades da espécie humana, não somente porque esta é a única a poder destruir tão radicalmente o meio necessário para a sua própria sobrevivência, mas sobretudo porque, por esta mesma razão, é a ela que incumbe a responsabilidade de evitar essa devastação e de recriar as condições de uma salvaguarda da biosfera. Por outro lado, isso implica se desfazer da separação natureza/cultura e afastar a dualidade humano/animal, a fim de conceber a espécie humana como parte integrante de uma rede de complementaridades e de interações que a ultrapassa.[144]

---

142 Philippe Descola, *Par-delà nature et culture*, Gallimard, Paris, 2005.
143 Neil Smith, "De la nature comme stratégie d'accumulation", *Contre-temps*, n. 20, 2007, p. 50-60.
144 Devemos enfatizar que o humano, tal como compreendido aqui, não se define por sua dissociação do não humano (em primeiro lugar o animal): a diferenciação/continuidade com o não-humano é *interna* ao fato humano.

É sua obrigação então vislumbrar sua ação e seu futuro no respeito do seu lar e das interdependências entre o humano e o não humano, que são a condição do seu Bem Viver sobre a Terra.

Esse reconhecimento marca o fim da omnipotência do homem prometeico, ao mesmo tempo que a ficção do indivíduo monádico demonstra sua vacuidade. Ela é também o fundamento de uma ética da proporcionalidade, a qual, no ponto em que estamos, provém menos de uma escolha do que de uma necessidade, pelo menos se nos comprometermos a salvar as condições de uma vida em que o humano possa se reconhecer como tal. Desde que os humanos admitam o caráter constitutivo das redes de interdependência nas quais eles se inscrevem, desde a estruturação interpessoal da pessoa até o ecopertencimento de seus coletivos, sua capacidade de ação não pode escapar de todos os sentidos da proporção. Ela deve preservar as interações próprias ao seu meio de vida, ou ao menos modificá-las com precaução suficiente para que as consequências não sejam fatais. O planeta Terra não é uma casa que o homem teria construído com suas próprias mãos e poderia modificar de acordo com sua vontade, com todos os direitos de um proprietário. Ela preexiste a ele; ela lhe é dada, mesmo que daí em diante tornada frágil pelo comportamento desse locatário inquieto. O homem não pode dominar as condições ecológicas da sua própria vida. A produção mercantilizada da natureza joga com a fantasia de um tal poder, mas acentua a devastação planetária. Os humanos se encontram assim convocados a uma consciência de proporcionalidade: seu próprio lugar depende daquele que eles dão aos outros, humanos e não humanos. O princípio de inter-relação que está no coração da constituição ecossocial do humano introduz simultaneamente proporção e extensão na existência. Não há futuro sem capacidade de reconhecer o futuro, para cada um, de múltiplos outros que o constituem e que amplificam suas próprias potencialidades.

AS PROPORÇÕES DO GÊNERO

Não se poderia pretender repensar o humano esquecendo que esse termo engloba homens, mulheres, transgêneros ou intersexos. Mas qual espaço deve ser dado a essa diferenciação? Não se pode nem minimizá-la, sob pena de recair em uma abordagem abstrata do Homem, nem fazer dela uma linha de separação absoluta, que ocuparia a parte de humanidade compartilhada entre homens, mulheres, transgêneros ou intersexos. Parece indispensável que esse eixo de diferenciação não seja analisado de maneira isolada, mas permaneça sempre articulado a outras dimensões constitutivas do humano. Partiremos de um princípio essencial, indiscutível: a estrita igualdade (em valor) dos sexos. Segundo as línguas e as culturas, o termo designando essa igualdade pode se recobrir de nuances diversas, mas importa antes de tudo que ele remeta, mais do que a uma igualdade abstratamente definida, a atitudes concretas e, em primeiro lugar, ao igual e devido *respeito*, em todas as coisas, para com as mulheres, os homens, os transgêneros ou intersexos. No mundo do Bem Viver para todas e todos, nenhum traço de patriarcado, de discriminação e de subordinação entre um sexo e o outro poderia permanecer. A ideia de que um sexo vale menos do que outro, que ele deve ser mantido afastado de certas tarefas julgadas particularmente eminentes, que seria menos apto a se expressar e a tomar parte nas decisões concernentes ao coletivo, e, *a fortiori*, a ideia de que o outro sexo teria direitos sobre ele e poderia decidir em seu nome, tudo isso terá sido mandando para longe pelas lutas das próprias mulheres, mas também pela vontade dos homens conscientes de que não pode haver vida boa baseada em qualquer injustiça que seja. De qual concepção de igualdade se trata aqui? Uma vez mais, é preciso desarmar a armadilha que condicionaria a igualdade à negação ou à ocultação das diferenças. A lição da Major Ana Maria – "nós somos todas iguais porque somos diferentes" – sublinha que não se pode tratar de uma igualdade baseada na indiferenciação (nem tampouco, dito rapidamente, em uma igualdade baseada na necessidade, para as mulheres, de se identificarem com as posições superiores – quer dizer masculinas –, tais como elas estão definidas hoje, conforme as normas do sistema capitalista). Só pode se tratar de uma igualdade estabelecida sobre a base do respeito de maneiras de ser e de agir diversas, desenvolvendo-se plenamente em um mundo social que, *de maneira geral*, exclui todas as formas de exploração, de dominação e de discriminação.

Essencial, a implementação efetiva desse princípio de igualdade não basta, entretanto, para traçar os contornos de uma relação equilibrada entre os sexos. Como imaginar a repartição das tarefas entre homens e mulheres, aquela das atividades socialmente necessárias e aquela das tarefas que nós chamamos hoje de domésticas (mas cujo estatuto será profundamente transformado por conta das modificações do conjunto da organização coletiva)? É fundamental, na perspectiva intercultural desenvolvida aqui, aceitar que não poderia haver uma resposta única para essa questão e que, pelo contrário, a diversidade das trajetórias culturais oferece – no limite, claro, do respeito ao princípio da igualdade entre os sexos – várias opções legítimas possíveis. Uma delas consiste em eliminar toda repartição sexuada das tarefas, considerando que as atividades de produção de bens e de serviços, como as tarefas de organização coletiva, podem ser igualmente assumidas por homens ou por mulheres.[145] Quanto às atividades ditas domésticas (manutenção do *habitat*, cozinha, cuidado das crianças...), é pertinente pensar que elas darão lugar a práticas

---

[145] Parece difícil reproduzir a ideia segundo a qual os homens são mais fortes fisicamente do que as mulheres sem recair nos estereótipos que se trata justamente de recusar. Seria sem dúvida mais pertinente admitir que as capacidades (físicas e psíquicas) estão igualmente repartidas entre os dois sexos, mas não necessariamente entre todos os indivíduos, de modo que uma eventual adaptação entre tarefas e aptidões deveria ser concebida muito mais em termos individuais do que de repartição sexuada.

tanto coletivas quanto intrafamiliares e admitir-se-á que elas incumbam *igualmente* aos dois sexos.[146] Independentemente do que se relaciona com as funções biológicas da gravidez e do aleitamento, nada justifica considerar o cuidado das crianças como especificamente feminino. Conhecemos numerosas sociedades, sobretudo entre os caçadores-coletores, como os Pigmeus Aka da África Central, onde os pais passam aproximadamente tanto tempo quanto as mães a se ocuparem dos filhos de pouca idade, desempenham um papel alimentar mascando sua comida para transformá-la em caldo, ou ainda os carregam ao longo do dia nas costas, inclusive quando vão caçar.[147] Pensar que o cuidado com as crianças seria uma tarefa, por natureza, feminina, não é nada além de um preconceito – que é ademais a outra face da exclusão das mulheres da esfera das atividades e das decisões públicas. Certamente, recusar esse preconceito não acarretaria negar o papel específico das mulheres na reprodução da espécie e ocultar as situações específicas associadas à gravidez e ao período de aleitamento. Uma sociedade baseada na ajuda mútua, na cooperação e na atenção às diferenças não pode ser senão respeitosa

---

[146] Se é pertinente denunciar a invisibilização, historicamente atestada, das atividades de reprodução e de acentuar o trabalho doméstico como o avesso escondido do trabalho assalariado *na sociedade capitalista*, seria um enclausuramento constrangedor na lógica que se entende abolir essas categorias e projetá-las na nossa concepção do mundo pós-capitalista. Em uma sociedade do fazer, trata-se de liberar homens e mulheres do trabalho, de modo que o estatuto desses últimos não estaria ligado a uma revalorização das atividades de reprodução. Como destacamos aqui, estas podem ser muito amplamente compartilhadas entre homens e mulheres. Além disso, se é provável que elas deem lugar a formas de ajuda mútua entre grupos de vizinhos, seria particularmente pesado e inútil integrá-las entre as tarefas de produção de bens e de serviços coletivamente definidas e organizadas. Para uma abordagem do feminismo centrada na revalorização do trabalho reprodutivo, ver Silvia Federici, *Caliban et la sorcière. Femmes, corps e accumulation primitive*, Marseille, Senonevero, 2014 [Em português, *Calibã e a bruxa. Mulheres, corpo e acumulação primitiva*, São Paulo, Elefante, 2017] e, para sua crítica, Roswitha Scholz, "Remarques sur les notions de 'valeur' et de 'dissociation-valeur'", *Illusio*, 4/5, 2007, p. 554-566.

[147] Ver Jérôme Baschet (dir.), *Enfants de tous les temps, de tous les mondes*, Paris, Gallimard-Jeunesse/Giboulées, 2010.

– e feliz de sê-lo – dessas obrigações particulares, o que supõe, durante esse período, suspender a participação das mulheres nas tarefas de produção socialmente necessárias.

Entretanto, se a opção de uma eliminação quase completa de toda repartição sexuada das tarefas parece legítima, ela não é a única possível. Afirmar isso significaria constranger todos os coletivos humanos a uma uniformidade que corresponde mal à lógica da multiplicidade própria a um mundo feito de numerosos mundos. Várias sociedades tradicionais foram fundadas sobre uma repartição bem precisa das tarefas entre homens e mulheres, cada atividade sendo culturalmente dotada de um signo de gênero.[148] Tais sistemas podiam ser associados a formas de hierarquia marcadas, e notadamente de exclusão das mulheres dos domínios de atividades mais valorizados; mas, em outros casos, pode-se estimar que prevaleciam formas de complementaridade e que se combinavam assimetrias desfavoráveis às mulheres em certos domínios e o reconhecimento de suas capacidades e de seus poderes em outros, de modo que as formas de desigualdade e de exclusão não eram assim tão fortes e definidas quanto aquelas que começaram a se afirmar quando da passagem para o nosso mundo moderno.[149] Consequentemente, se certos coletivos são culturalmente levados a implementar o princípio da igualdade entre homens e mulheres, baseado em uma diferenciação complementar das tarefas, não há razão para se opor em nome de uma ideia um tanto quanto abstrata da igualdade.[150] É claro que poderemos temer que

---

148 Ivan Illich descreveu bem esse tipo de organização e para analisá-la forjou o conceito de "gênero vernacular", em oposição ao regime do sexo econômico que se impõe com a modernidade (*Le Genre vernaculaire*, em *Œuvres, op. cit.*, vol. 2).
149 Para uma tal análise, que sublinha com vigor como o individualismo moderno reconfigura profundamente a questão da distinção de sexo, ver Irène Théry, *La distinction de sexe. Une nouvelle approche de l'égalité*, Paris, Odile Jacob, 2007.
150 Ver, por exemplo, Georgina Méndez Torres, Juan López Intzin, Sylvia Marcos e Carmen Osorio Hernandez (coord.), *Senti-pensar el género. Perspectivas desde los pueblos originários*, Guadalajara, La Casa del Mago, 2013.

a complementaridade, mesmo paramentada com as virtudes da harmonia, conduza, na prática, ao afastamento das mulheres de certos campos de atividades, o que seria um atentado ilegítimo à sua liberdade. Uma repartição complementar das atividades não poderia, pois, ser mantida pelo único motivo de que ela se reveste de um caráter tradicional; é, portanto, indispensável que um exame crítico, conduzido pelas próprias mulheres, ateste que ela não porte prejuízo ao princípio de igualdade entre os sexos. Por fim, entre as diferentes opções possíveis (igualdade sem diferenciação sexuada das tarefas ou, pelo contrário, baseada nesta última), um diálogo propriamente intercultural poderia se mostrar fecundo e deveria permitir, fazendo aparecer as vantagens e os inconvenientes das diversas soluções, transformá-las em busca dos equilíbrios mais judiciosos.

E quanto ao gênero, do ponto de vista das maneiras de ser? Qual lugar dar à masculinidade, à feminilidade, às outras posições de gênero? É possível admitir antes que, se há de fato diferenças biológicas de sexo, não existe nenhuma definição absoluta, natural, do que é o masculino, o feminino ou o transgênero. Trata-se aí de imagens socialmente construídas (e frequentemente diversas no seio de uma mesma sociedade), às quais os indivíduos são incitados a aderir, com mais ou menos sucesso. Os diferentes universos pós-capitalistas manterão características socialmente instituídas da distinção masculino/feminino? Se tal é o caso, seria altamente desejável que essas construções não tivessem a mesma rigidez que as das sociedades anteriores. Com efeito, os estereótipos de gênero quase sempre tiveram por função masculinizar os homens e feminizar as mulheres para acentuar suas diferenciações. Isso quase sempre implicou em uma repressão, mais ou menos brutal, das inclinações de um e outro sexo em direção a atitudes ou atividades que a repartição de gênero havia colocado

---

Para uma abordagem do gênero a partir dos diferentes Sul, ver também Sylvia Marcos et Marguerite Waller (éd.), *Diálogo y diferencia, op. cit.*

do outro lado da "fronteira", concluindo-se assim uma limitação da multidimensionalidade do ser. Também, dando espaço à diferenciação do masculino e do feminino (que não se limita à única diferença biológica dos sexos), seria desejável que esta fosse concebida de maneira tão flexível quanto possível, afim de deixar a cada um uma grande latitude para viver, de maneira livre e fluída, a sua própria posição de gênero, sem que pese sobre suas escolhas qualquer discriminação ou reprovação social. Eliminar o peso historicamente constituído dos estereótipos de gênero não deve conduzir à imposição de uma indiferenciação entre homens e mulheres, mas deveria permitir abrir-se para a multiplicidade de maneiras de viver a distinção de sexo.

Uma tal evolução tem alguma probabilidade de se produzir em um universo pós-capitalista. Na verdade, a distinção de sexos, historicamente, sempre teve uma ligação com a consolidação e a reprodução de outras assimetrias sociais.[151] Ora, no mundo do Bem Viver para todos e todas, não há mais desigualdades ou lógicas de dominação a serem reproduzidas; a diferenciação dos sexos e sua intensificação simbólica não tem mais que assumir um papel de fundamento ideológico e de correia de transmissão na reprodução das hierarquias. Sem desaparecer inteiramente, a diferenciação dos sexos perde uma boa parte de sua função social *geral* e pode então ser levada a proporções mais comedidas. Ao mesmo tempo, enquanto o individualismo moderno teve por efeito isolar e essencializar a questão da distinção de sexos, esta pôde se tornar um componente entre outros da concepção interpessoal da pessoa, o que contribui ainda, sem fazê-la desaparecer, para conferir um estatuto mais relativo e uma maior fluidez para a distinção de sexo. No total, não se trata somente de permitir que haja homens, mulheres, transgêneros ou intersexos iguais nas suas diferenças. Trata-se, na medida em que os estereótipos de gênero desaparecerão ou serão fortemente atenuados, de pôr fim

---

[151] Irène Théry, *La distinction, op. cit.*

a essa grande partilha entre o Homem e a Mulher, igualmente característica da modernidade. Se é provável que o conjunto dos atos da vida individual e coletiva seja colorido pela distinção de sexo, as modalidades desta última serão múltiplas e sua intensidade poderá oscilar entre formas de diferenciação mais marcadas e outras mais discretas, até mesmo suscetíveis de tender para o neutro ou para o agênero. Finalmente, trata-se de enriquecer a vida humana na sua relação com o não humano e na sua multiplicidade constitutiva, de trabalhar para que haja mil maneiras de viver como homem, como mulher, como transgênero, como agênero, e mais ainda, inventar relações criadoras entre uns e os outros, para fazer junto, compartilhar e se amar, *através* da distinção de sexo como através de todas as outras formas de diferenciação da experiência humana.

ASSIM, O HUMANO SE LIBERA ao mesmo tempo da sua suposta natureza egoísta e antissocial, da exigência individualista de ser "por si mesmo um todo perfeito e solitário"[152] e de sua postura de mestre autoproclamado do universo. Cabe a ele provar um pouco de comedimento e um senso elementar de equilíbrio. Mas não há nisso grande coisa a perder, salvo considerar que nossas subjetividades, moldadas pela mercantilização capitalista, nos obrigam a crer que a participação nos circuitos econômicos da produção e do consumo condiciona o pleno desenvolvimento humano.

Trata-se de acabar com esse ser de desejos supostamente ilimitados, mas transformado na presa dos fetichismos de pacotilha e das frustrações repetitivas. Com esse indivíduo pretensamente autônomo que, em uma ponta ou outra da cadeia, sucumbe sempre aos efeitos da lei do mais forte. Com o Homem que, pretendendo submeter a natureza ao seu próprio poder quase demiúrgico, se choca com sua própria potência de autodestruição. Combinando o

---

[152] Jean-Jacques Rousseau, *Du contrat social*, II, 7, citado e comentado por Louis Dumont, *Essais, op. cit.*, p. 118.

desejo do ilimitado e o incessante retorno da falta e da vacuidade, própria ao individualismo da sociedade mercantil, pode-se opor uma conjunção entre a expansividade criativa das subjetividades e seu sentido da proporcionalidade, paradoxo que a concepção interpessoal da pessoa permite sustentar. Toma forma então uma outra concepção do humano e de sua constituição ecossocial e interpessoal, condição de uma verdadeira liberdade e de um Bem Viver baseado na igualdade de condições, no tempo disponível, no autogoverno e na expansão relacional das subjetividades.

CAPÍTULO V
NÓS JÁ ESTAMOS A CAMINHO

Nossa luta é pensada em ação e ela é pensada a partir do solo.

Abahlali baseMjondolo, movimento dos "habitantes dos barracos de favela", África do Sul.

OS OBSTÁCULOS QUE SE ERGUEM para impedir a realização do mundo descrito nos capítulos precedentes, esse mundo do fazer reconciliado, da distensão temporal e da criatividade intersubjetiva são consideráveis e poderiam até mesmo parecer intransponíveis. Todo espírito sensato percebe com facilidade que a perpetuação da sociedade da mercadoria, e consequentemente a desvinculação das condições de sobrevida da humanidade, permanece um dos mais prováveis cenários. Contudo, mesmo se nós sabemos que não poderia existir sociedade perfeita e fora da história, preservada de toda discórdia e liberada da necessidade de lutar contra os riscos de institucionalização e de separação, um simples confronto entre a realidade presente de um capitalismo mortífero e a possibilidade razoável de outros mundos garantindo a todos uma vida digna e livre, convida a perguntar-se conjuntamente por que o primeiro continua, tanto bem quanto mal, a se manter de pé e como contribuir com o advento dos segundos.

Sobre esse último ponto, está claro que a clássica estratégia da Revolução, centrada na tomada do poder de Estado, não durou. No entanto, não podemos nos ater ao paradigma da resistência que se impôs, ao longo de várias décadas, na medida em que se aprofundava a crise da política revolucionária. Certamente, não se trata de minimizar a importância da noção de *resistência,* que serve de assento legítimo para muitas lutas, mas de indicar que, entregue a si mesma, ela pôde assinalar a supressão das perspectivas de emancipação. Hoje, sob o efeito de um novo ganho de impulsos anticapitalistas, os cenários se multiplicam e, com frequência, se opõem. Uns insistem nas devastações da fetichização que enclausura os espíritos e os corpos no horizonte de um sistema que, entretanto, colapsa, enquanto outros vislumbram a saída do mundo da mercadoria como uma espécie de êxodo proveniente de um ato de vontade, ou imaginam uma sociedade pós-capitalista emergindo das transformações tecnológicas e produtivas promovidas pelo próprio capitalismo.[153] Com frequência, esforçamo-nos para pensar a transformação sistêmica de maneira molecular, como multiplicação de microiniciativas presentes, mais do que sob a forma concentrada do Grande Acontecimento futuro. Mas esses esforços, preocupados em se diferenciar da Revolução maiúscula de outrora, correm o risco de se fecharem na imagem invertida do espectro que eles combatem. É preciso, então, tentar ir além de certas oposições demasiadamente rígidas, a fim de melhor situar o lugar devido ao nosso agir, desde agora e para o que virá.

PARA ALÉM DE AMBOS CENÁRIOS

Que os dominantes tenham interesse em manter, ou até mesmo em amplificar, as condições que lhes garantem a manutenção de sua posição é evidente e não se pode duvidar que eles estejam prontos para conduzir uma guerra total (e que se preparam para ela) contra aqueles que pretenderiam colocar em questão seus privilégios. Como em toda formação social fundada sobre a desigualdade e a exploração, a arte dos dominantes consiste em fazer com que uma fração dos dominados pense ter interesse na manutenção do *status quo*. Assim, apesar do declínio de sua renda, as classes médias podem ainda sucumbir às seduções de um relativo conforto material e, ornadas com algumas migalhas da orgia do mercado, demasiadamente felizes, acreditarem estar preservadas do abismo da desintegração social que as ameaça com uma insistência cada vez maior. Para durar, um sistema sociopolítico deve ainda manter algumas aparências de credibilidade e se assegurar de um mínimo de consentimento necessário. Em nosso mundo, a ideologia dos direitos do Homem,

---

[153] Já aludimos, no capítulo 1, às teorias que fazem do trabalho imaterial e cognitivo o coração do novo capitalismo e a base de sua transformação potencial em uma sociedade propriamente *comunista* (Michael Hardt e Antonio Negri, *Empire, op. cit.*; Yann Moulier Boutang, *Le capitalisme cognitif, op. cit.*). A crítica necessária dessas teses não implica denegar o que as tecnologias modernas, notadamente as digitais, poderiam trazer para a construção de um mundo pós-capitalista, como sugere André Gorz (*Écologica, op. cit.*).

a crença na liberdade de expressão e a ilusão da democracia eleitoral periodicamente desmascarada e, no entanto, restaurada em favor de cada escrutínio, contribuem para essa função, mesmo que seu caráter de engodo transpareça cada vez com mais evidência. Pode-se também, caso necessário, expor os males da história, a clássica receita de todo poder, que gloriosamente oferece às populações uma proteção contra inimigos que ele cria do nada ou que ela tenta explodir (o império do Mal, o terrorismo, a delinquência...). Hoje, o binômio ameaça/proteção tende a se fundir em um tipo de governo pela insegurança, que aposta tanto nos Grandes Inimigos claramente apontados quanto em um sentimento difuso de vulnerabilidade, administrado pela flexibilização do trabalho, o risco de exclusão social e o vazio que se aloja no coração das subjetividades.

Mas, no fundo, se um sistema social injusto e opressor garante sua permanência, é menos porque ele se beneficia de um consentimento explícito do que porque consegue criar as condições de uma conformidade prática de todos aqueles que não podem fazer de outra maneira a não ser manter-se em seu lugar – ou criar um – para subsistir. "É preciso *ganhar a vida*" é hoje a imperiosa lei da adesão social: surpreendente fórmula que revela o quanto a vida inteira está submetida às exigências do salariado e do trabalho, e até mesmo condicionada por uma tal submissão. A temível conjunção da ameaça de exclusão e da obrigação concorrencial generalizada multiplica ainda mais a eficácia dessa injunção. Mas é preciso também reconhecer que esta lança mão, ao mesmo tempo, em proporções variáveis segundo os meios sociais, de imperativos estritos da sobrevivência e das satisfações que fazem cintilar o consumo de bens materiais ou imateriais – os quais não estão nunca muito longe de desvelar sua vacuidade ou de recair na servidão quando o endividamento massivo fecha a armadilha do ciclo trabalho/consumo/trabalho. Finalmente, a vida social provém de um inacreditável automatismo que tem a ver com a incorporação prática de suas normas: agimos assim porque as coisas são assim.

A permanência de um sistema social repousa então sobre uma estranha tautologia: isso dura porque dura. Quer dizer também... até o momento em que isso começa a não durar mais. Até o momento em que, longe de manter os automatismos que lhe permitem se reproduzir, *alguma coisa* como uma sacudida coletiva enceta uma dinâmica inversa. Desencadeia-se assim um processo de desadesão, de reconhecimento do arbitrário do mundo social, dado até então como um contexto intangível da vida (o que obriga também a observar que, sob as aparências da estrita conformidade social, uma parte de insatisfação latente, não expressa e sem dúvida em parte não consciente, devia estar de fato presente anteriormente). A constituição dominante da realidade começa então a se desagregar, abrindo caminho para a desobediência, para a insubordinação, para a experimentação de outras formas de subjetividade e de outras maneiras de agir. Essa desadesão se nutre da insana raiva que suscitam tantas injustiças, sofrimentos, destruições, desastres. Ela supõe experimentar o quanto a realidade presente é inaceitável; ela consiste em *inaceitar* [154] o inaceitável. Mas ela se nutre também da esperança mobilizadora – ou pelo menos da intuição – de que uma outra organização social é possível. Ela se faz luta, realidade contra realidade, mundos contra mundos.

Conhecem-se maneiras simples demais de imaginar a passagem de um universo para outro. A teoria revolucionária clássica é aquela de uma Grande Noite da qual o fato central seria a tomada de um qualquer Palácio de Inverno. Essa revolução deve geralmente esperar que amadureçam as condições objetivas; ela é para mais tarde. É por isso que esse imaginário pôde constituir, paradoxalmente, um fator de aceitação das condições de vida presentes. Depois, em reação a essa mitologia do acontecimento revolucionário, chegou-se, nas últimas décadas do século passado, a representar o deslizamento de um mundo para o outro menos

---

[154] N.T.: No original: *"inaccepter"*. Mesmo que exista o adjetivo *"inaccepté"*, sua forma verbal é uma criação do autor.

como um confronto épico do que como um tipo de êxodo capilar e quase invisível, uma deserção sub-reptícia das formas de alienação capitalista.[155] Glorificou-se assim um processo já iniciado, em curso sob nossos olhos e ao qual cada um poderia se associar pelo gesto de uma renúncia à servidão voluntária. Pretendeu-se que fosse optando, individualmente ou no seio de coletivos restritos, pela desconexão e contando com a difusão e a convergência de tais escolhas que seria possível chegar a uma transformação radical da sociedade. Todavia, se convém reconhecer seu valor, os limites evidentes de tais experiências, realizadas em um ambiente capitalista, vale observar que não é suficiente uma decisão individual ou microcoletiva para se subtrair do sistema social dominante, e menos ainda para esperar vê-lo desaparecer.

Importa, pois, avançar para além da oposição entre os dois tipos de cenários que acabamos de evocar, como entre as maneiras de conceber a transformação social que eles suportam. A crítica cruzada de um pelo outro pode ajudar nisso. Se admitimos que não existe uma via régia nem uma só maneira legítima de conceber a luta, torna-se possível combinar vários *fronts* e dar espaço à multiplicidade das experimentações e à inventividade das formas de engajamento antissistêmico, das mais mínimas às mais radicais. Não se trata mais de remeter a um Acontecimento maiúsculo, concentrado no tempo e lançado a um futuro distante, que se trate de conquista do Estado, de uma insurreição geral ou do desabamento do sistema capitalista. Mas não se pode, tampouco, contentar--se em apostar na proliferação presente de microacontecimentos e de gestos singulares. Trata-se de ultrapassar a oposição entre um futuro revolucionário que já existe e uma Revolução, política ou social, deixada para mais tarde. Pois seria tão estéril investir tudo em uma só construção imediata quanto enganador remeter a uma espera de condições objetivas favoráveis. Qualquer que seja a importância que dermos à movimentação engajada desde

---

[155] Michael Hardt e Antonio Negri, *Empire, op. cit.*

agora, ela não pode bastar por si mesma, salvo para alimentar a ilusão de que a partida já estaria ganha. Só pode haver temporalidade revolucionária múltipla, entrelaçando a imediatez do que se constrói no presente, a iminência do que está fermentando e a esperança do que ainda não é.

EXPANDIR NOSSOS ESPAÇOS LIBERADOS

A dinâmica revolucionária começa aqui e agora. As circunstâncias planetárias e, em particular, o ritmo acelerado do ecocídio em curso, impõem a urgência e, ao mesmo tempo, a paciência de quem sabe se preparar como convém. Começar desde agora deve permitir combinar todas as escalas que as relações de força permitem vislumbrar ou criar. Os zapatistas (e outros também, como o Movimento dos Trabalhadores Sem Terra, no Brasil) levaram as experiências de autonomia a uma escala notável, mesmo que permaneçam frágeis, submetidas como o são à pressão de um ambiente hostil. Mas as experiências mais limitadas não têm menos pertinência.

Trata-se, por todos os meios e por todas as formas possíveis, de criar o que chamaremos de *espaços liberados*. Não são necessariamente espaços físicos, tampouco inteiramente livres de todas as ingerências do universo capitalista. Basta que estejam em processo de se tornarem, ou que, sendo em parte já livres, eles lutem para não cessar de sê-lo. Em que podem consistir esses espaços liberados? Para começar, é essencial tomar consciência dos espaços liberados (ou livres)[156] dos quais já dispomos. De fato, para se reproduzir, a sociedade capitalista precisa, em uma certa medida, de relações sociais não capitalistas. Nós vivemos em um universo dominado por normas da sociedade mercantil, mas as nossas relações de amizade, de amor, nossa intimidade e nossos

---

[156] Pouparemos o leitor de repetir a cada vez o "parcialmente", entretanto de rigor (bem como a dualidade entre os espaços em processo de liberação e aqueles que, estando em parte livres, lutam contra sua destruição).

sonhos não são (inteiramente) regidos por elas. Se tal fosse o caso, a vida no mundo capitalista, já insuportável, se tornaria literalmente impossível. Nós podemos então identificar os lugares e os momentos em que se desenvolvem essas relações preservadas das obrigações do trabalho, da rentabilidade, da concorrência e aí plantar mentalmente a bandeira que identifica nossos "espaços liberados". Esse *gesto* pode nos ajudar a torná-los mais visíveis (para nós mesmos) e a defendê-los com mais energia, pois está claro que a esfera dita privada é cada vez mais invadida e colonizada pelas categorias do mundo da mercadoria, pela angústia do trabalho ou do desemprego (até o ponto extremo de uma sucção completa da capacidade vital, quando o estresse no trabalho ou a perda deste conduzem ao suicídio), pela preocupação com o dinheiro e com os sinais contábeis do êxito, pelos estímulos da pulsão de consumir, pela omnipresença dos monitores da incomunicação, pelos estereótipos do dever-ser social, pelas maneiras de agir egocêntricas e concorrenciais etc. Convém, então, não somente identificar e defender esses espaços liberados, mas também reivindicá-los, declará-los tais, para tomar consciência do valor desses reservatórios de vida não inteiramente fetichizados e fazer deles um ponto de apoio em nossa caminhada anticapitalista. De maneira comparável, mesmo que em uma escala completamente outra, os povos indígenas optam por assumir e defender os territórios e as formas de organização coletiva que, apesar dos efeitos sucessivos da colonização, do integracionismo nacional e da expansão das lógicas de mercado, puderam em parte escapar da generalização das normas capitalistas. Em todos os casos, parece sábio partir daquilo de que nós já dispomos, de modo que um exercício de inventário dos espaços de vida e das formas de relações poupadas pelas normas capitalistas ou não inteiramente dominadas por elas seria preciso. Em vez de nos contentarmos em atravessá-las, experimentando o que resta dos sabores variados da vida sensível, poderíamos repensar o alcance desses espaços e tentar transfigurá-los em tantas bases a partir das quais resistir à dominação capitalista e trabalhar na recuperação de nossa potência de fazer e de nossa liberdade.[157]

Trata-se, em seguida, de continuar a exercer um empuxo ao redor de nós, para conter a pressão sistêmica e desobstruir novos espaços liberados (ou para liberar mais profundamente aqueles dos quais já dispomos). Nenhuma escala, por mais modesta que seja, poderia ser depreciada. A tarefa começa no nível individual, familiar ou no seio dos microcoletivos que nós podemos formar com alguns amigos e vizinhos, até os coletivos e as organizações mais amplas. Todas as práticas que afrouxam o torno das lógicas mercantis e desarmam a nociva absurdidade dos desvios da economia são preciosas, da mesma maneira que todas as formas de desobediência e de recusa da imposição demonstram que o automatismo da conformidade social e da passividade não é a única via possível. Evocar-se-á algumas modalidades possíveis, sem pretender esgotar as formas que podem tomar os espaços liberados, variáveis ao sabor das situações e de uma inventividade compartilhada, impossíveis de circunscrever *a priori*.

Na medida em que o sistema capitalista promove a intensificação de uma dupla heteronomia – dependência com relação ao mercado para conseguir o conjunto de bens necessários, dependência com relação ao mercado de trabalho para obter o dinheiro que permite comprar esses bens –, trata-se de se esforçar para se subtrair tanto de uma como da outra. As grandes firmas precisam de nosso consumo para obter seus lucros e nós podemos parar de comprar uma parte notável de seus produtos, e com mais razão se a sua produção e a sua distribuição contribuem para a deterioração do meio ambiente e da saúde humana. Podemos eliminar certos

---

[157] É claro que na sociedade capitalista as relações e os espaços de vida não inteiramente capitalistas têm uma função sistêmica (enquanto espaços de reprodução da força de trabalho, enquanto "tempo livre" voltado ao consumo etc.). Trata-se de arrancar esses espaços à sua funcionalidade sistêmica para fazer deles uma das bases do nosso caminhar anticapitalista.

gestos de consumo que, claro, são agradáveis e desejáveis, mas que não são menos suscetíveis de deixar que se perceba a fraca consistência das satisfações oferecidas, sem falar do pouco peso destas com relação a implicações socialmente exigentes e ecologicamente mais que constrangedoras. Nós podemos substituir certos produtos industrializados por outros que somos capazes de fazer nós mesmos, e privilegiar os pequenos produtores locais ao invés de participar dos circuitos planetários de distribuição. Lutar dentro de nós mesmos e ao nosso redor – pelo exemplo ou, se possível, com atitudes mais ofensivas contra os produtos cujo sentido profundo é o de incarnar o primado do lucro sobre o respeito à vida e à saúde – contra as formas de consumo que sustentam a expansão do capitalismo é um aspecto pouco negligenciável, mesmo que insuficiente, do nosso caminhar ao contrário das incitações da sociedade da mercadoria. Pelo menos enquanto o limiar das práticas puramente anedóticas é excedido, isso pode contribuir para travar a expansão necessária da economia, não sem preparar a parte dos humanos integrados à sociedade de consumo para um modo de vida materialmente mais simples. Sobretudo, tais atitudes têm por virtude fazer vacilar a ilusão segundo a qual o *American way of life* seria o ideal incondicional da humanidade (sem o qual nós estaríamos destinados a permanecer de mãos e pés atados às seduções do universo capitalista).

Convém também trabalhar para desfazer, em nós, a influência do ídolo Trabalho. Isso não tem nada de fácil, pois nos chocamos aqui contra o núcleo duro do capitalismo, a saber, a obrigação de se submeter à exigência do trabalho (assalariado ou outro), não somente para sobreviver, mas também para existir socialmente. Mesmo se as armadilhas das falsas soluções são numerosas e se é preciso estar consciente de que essa libertação do trabalho não está plenamente acessível no contexto de um mundo dominado pelas normas capitalistas, é possível escavar brechas por onde lançar um processo de desligamento, tomando consciência do caráter heterônomo do trabalho e das suas limitações, minimizando os benefícios de reconhecimento que ele supõe trazer e quebrando ao menos parcialmente a armadilha que empurra para o consumo para melhor submeter à obrigação de trabalhar. Sair desse círculo sugere consumir menos para trabalhar menos, e isso para viver bem, na maior distensão temporal. Escapar, *na medida do possível*, das restrições do trabalho é o início do movimento anticapitalista por excelência, o qual consiste em nos liberar *do* trabalho.

Recuperar e amplificar nossa potência de fazer é a face positiva dos dois procedimentos anteriormente mencionados. À medida que nos desconectamos da influência do trabalho, dispomos de mais tempo para *fazer por nós mesmos*, o que reduz sobretudo a dependência relacionada aos circuitos do consumo mercantil. Os exemplos vão da confecção de certos alimentos, a fim de suspender a compra da sua versão industrializada, à autoprodução alimentar, graças à intensificação das práticas de horticultura ou de cultura hidropônica, inclusive em meio urbano. Mas o domínio alimentar não é o único concernido e é necessário acrescentar a participação voluntária em tarefas de interesse coletivo e as trocas de serviços entre vizinhos ou no bairro em geral, que permitem evitar a necessidade de profissionais remunerados ou a oferta institucional. Inúmeras experiências já são realizadas, mas sua ambiguidade tem a ver com o fato de que as redes de trocas solidárias, as moedas alternativas, os mercados locais e mesmo as formas de autoprodução podem constituir igualmente complementos úteis para a estabilização das relações propriamente capitalistas.[158] Trata-se, pelo contrário, de conceber essa recuperação

---

[158] As práticas e relações não capitalistas existindo no seio do sistema capitalista são coadjuvantes da necessidade deste de se reproduzir ou podem possuir ou adquirir um potencial anticapitalista? A ambiguidade não pode ser afastada facilmente, mas, aí ainda, toda a questão consiste em transformar espaços acapitalistas com vocação sistêmica em espaços liberados anticapitalistas. A propensão sistêmica para a destruição ou para a colonização dos primeiros pode ser uma poderosa incitação para operar essa transmutação.

da capacidade de fazer por nós mesmos como a prefiguração de uma organização coletiva em ruptura com as categorias capitalistas do valor, do dinheiro e do trabalho, para fazer prevalecer a liberação das capacidades do fazer autônomo, a desespecialização e a deseconomização das atividades humanas.

Recriar espaços de cooperação no nível da vizinhança, da vila ou do bairro é um meio de ampliar nossa potência de fazer fora dos circuitos da economia e desenvolver formas e experiências fundadas sobre o interconhecimento, a confiança, a solidariedade, a generosidade, a gratuidade, a capacidade de resolver problemas coletivamente. Uma tal recuperação do senso do coletivo – o que no México se chamaria facilmente a arte do *fazer comunidade*, sem emprestar de forma alguma a esse termo o sentido de um fechamento em valores étnicos ou religiosos específicos – pode constituir uma base muito importante, ao mesmo tempo, para a ação anticapitalista e para a implementação de práticas políticas características da autonomia (instâncias locais de decisão e de organização coletiva).

Não se poderia, enfim, negligenciar a luta no terreno das representações. A invasão da vida inteira pelas mensagens misturadas ao consumismo, à fatalidade econômica e aos seus diversos pontos de apoio político-ideológicos contribui para a naturalização da situação atual. Esforçar-se para minar a expansividade dessas mensagens, implementar uma informação e modos de expressão alternativos, cultivar uma capacidade crítica desnudando as molas fundamentais do sistema capitalista e as formas múltiplas de dominação que lhe são associadas: tudo isso concorre para a fragilização dos modos de vida próprios da sociedade da mercadoria e pode contribuir eficazmente, no momento certo, para ampliar e radicalizar os processos de desadesão. Essa tarefa, da crítica social, ganharia muito se aceitasse não se manter em um desenvolvimento puramente argumentativo e optasse por se apoiar em espaços liberados e em suas experimentações práticas, assumidos como outras tantas maneiras de se abrir em direção a uma outra realidade possível e de romper o sentimento fatalista da inelutabilidade do estado de coisas existente.

Uma das principais virtudes dos espaços liberados é a de permitir experimentar transformações na ordem das subjetividades e das relações interpessoais. Trata-se de bloquear a expansão das subjetividades competitivas e desencadear a criação de contravalores e de contracondutas. Impulsionar essa tarefa requer sem dúvida um pouco de companhia ou de amizade, de modo que os microcoletivos e a recuperação de espaços compartilhados podem contribuir grandemente. Mas isso depende também da responsabilidade de cada um. O desafio é decisivo, pois um dos inimigos mais temíveis dos movimentos antissistêmicos é *interno* e tem a ver com os desastrosos efeitos que provocam as subjetividades modeladas pelo individualismo da sociedade de mercado, pelas discriminações de gênero ou os hábitos hierarquizantes que confortam as concepções verticais da organização. Os egos se revelam mais dotados para as lutas de poder que predispostos à cooperação, mais levados pelo prazer de se escutar falar do que pela atenção ao que os outros têm a dizer, pela sede de satisfazer seu amor-próprio se dando sempre razão do que pelo cuidado de uma paciente elaboração das abordagens comuns. Como então construir um mundo do comum com subjetividades tão conflituosas e competitivas? A questão é muito séria e poderia incitar o mais sombrio dos pessimismos. É por isso que o esforço para engajar desde agora a produção de contrassubjetividades, capazes de se descolar dos modos de ser requiridos pela sociedade da concorrência, é um aspecto rigorosamente *determinante* para o conjunto do processo de transformação anticapitalista, em suas etapas presentes e por vir. É decisivo experimentar novas formas de relações humanas, afastando-se ao mesmo tempo dos modos de subjetivação baseados na medida quantitativa de si e nas atitudes de imposição/obediência que estão ligadas às derivas substitucionistas tão frequentes nos movimentos antissistêmicos. Isso supõe também que se dê lugar a outras maneiras de viver a temporalidade, de se esforçar na troca dialógica e no aprendizado mútuo entre todas as diferenças, de desarmar as armadilhas de uma separação entre reflexão e ação, de aprender a reunificar, no próprio movimento da luta, todos os aspectos da vida. O confronto com o capitalismo começa na cooperação intersubjetiva, quer dizer, também no mais profundo da intimidade, lá onde se engatam os mecanismos de normalização das condutas. Combater o capitalismo é antes de tudo lutar contra as normas da sociedade de mercado em nós. É trabalhar em nosso *descapitalizar* para nos *desfetichizar*. Uma luta corpo a corpo, uma luta de si contra si, colocando-se à prova na constituição interpessoal da pessoa.

Por fim, para evitar de se fechar na autossatisfação da construção presente, é preciso abrir espaço à preocupação com a iminência dos avanços ulteriores. Trata-se, no seio dos espaços liberados, de *se preparar* para reagir com a clareza de foco e capacidade imaginativa necessárias quando advir um desses momentos em que se engatam a ressonância e o contágio das dinâmicas de insubordinação, desembocando na possibilidade de efetuar um salto na não colaboração sistêmica e na conquista de novos espaços liberados. Preparar-se supõe no mínimo trabalhar para afinar nossas ferramentas de análise – o que é indispensável para evitar se deixar desviar em direção a falsas soluções, reconduzindo para as formas de dominação das quais se trata de se libertar –, de fortalecer contrassubjetividades sem as quais se vê muito mal como lançar a construção de uma realidade pós-capitalista e enfim, muito simplesmente, aprender a *se conhecer* para fazer com que cresçam a confiança e o respeito por demais preciosos para inventar maneiras de fazer juntos, de decidir coletivamente e de se organizar sem relações de dominação/obediência, mas não sem coordenação nem proporcionalidade.

RESISTIR E CONSTRUIR, TUDO JUNTO

A ideia de uma construção presente de uma outra realidade – que falemos de espaços liberados, de brechas, de revolução intersticial ou de qualquer outra expressão que seja[159] – demanda ao menos duas precisões. Convém antes evitar a armadilha que consiste em se fechar na implementação, ao abrigo dos horrores do mundo ao redor, de ilhotas de vida cômoda (para aqueles que têm os meios) ou nichos de sobrevida (para os outros). Tais experiências de desligamento do mundo existem e podem ter sua virtude, em primeiro lugar, como sintoma das insatisfações crescentes que engendram a sociedade da mercadoria. Mas, salvo para perder sua dimensão anticapitalista, os espaços liberados não podem se contentar com o cuidado de sua própria elaboração sem ver que, em tudo a sua volta, a ofensiva de desapropriação conduzida pelo capitalismo está no auge, arrancando territórios e recursos comuns para ampliar a cultura de sementes geneticamente modificadas, desmantelar as formas de agricultura camponesa, desenvolver técnicas de exploração de minérios cada vez mais destruidoras, pontilhar o globo com megaprojetos em questão de energia ou de transportes etc. Seria absurdo pretender ganhar terreno construindo premissas de um outro mundo sem se preocupar com os avanços destruidores do velho mundo do qual se pretende escapar. Não há um meio de se subtrair à exigência de resistência diante de tais assaltos, como diante das múltiplas formas da guerra contra a subsistência que o capitalismo conduz em escala mundial, em particular contra os povos indígenas. Essa resistência, ademais, se intensifica em plena consciência de que não se trata apenas de defender os lugares de vida ameaçados por tal ou tal projeto, mas também e sobretudo de frear a lógica produtivista da qual o sistema capitalista precisa imperiosamente

---

[159] Referimo-nos particularmente a John Holloway, *Crack capitalism. 33 thèses contre le capital*, Libertalia, Paris, 2012 [Em português: *Fissurar o capitalismo*, São Paulo, Publisher, 2013].

para se reproduzir, mas que, não tendo outra necessidade senão a expansão do valor e do lucro, se mostra ecologicamente insustentável e humanamente absurda.

Não se poderia assim escolher entre *construir* (uma realidade nova) e *lutar contra* aquela que existe. E seria um falso debate opor uma atitude visando afrontar o capitalismo (para resistir aos seus avanços e eventualmente destruí-lo) e uma outra que pretenderia se preocupar apenas com fazer nascer, ao lado do antigo, um mundo outro. Vê-se bem o que esta última retórica pode ter de sedutora. Mas é vão pensar que podemos nos agarrar a uma atitude que afirmaria: retiremo-nos do capitalismo; não busquemos destruí-lo, mas somente construir, ao lado dele, o mundo que nos convém, pois nossos espaços liberados são espaços de combate: eles tiveram que ser ganhos contra a pressão permanente da síntese capitalista e devem ser constantemente defendidos. Eles não podem se manter e crescer sem se confrontarem com as limitações que os envolvem e seu destino está em parte ligado às lutas levadas a cabo alhures para conter os avanços da depredação mercantil. A opinião que consiste em construir desde agora, sem esperar o grande Momento revolucionário, muda o jogo e constitui uma ruptura significativa com as concepções por muito tempo dominantes da emancipação. Mas ela não nos libera da questão da conflitualidade. Podemos configurar diversamente as três pontas do triângulo – resistir, lutar contra, construir –, mas não podemos dissociá-las.

A segunda observação tem a ver com o fato de que nossos espaços liberados não poderiam sê-lo inteiramente. John Holloway o destacou com toda a clareza: nossas brechas não são puras e elas sofrem com severas limitações.[160] Elas são atacadas do exterior, pela repressão ou por todo tipo de entraves com frequência mais insidiosos, mas também minadas do interior por conflitos que a reprodução das subjetividades próprias à sociedade da

---

[160] *Ibid.*, tese 9.

mercadoria aviva. Sobretudo, elas devem se debater contra a falta de meios sob diversas formas: falta de dinheiro para responder às necessidades, falta de autoprodução, falta de acesso aos mercados para produções eventuais etc. Expressões da força permanente da síntese capitalista, essas dificuldades acentuam as tensões interpessoais, enfraquecem as condições de cooperação e podem conduzir ao esgotamento das energias, ao desencorajamento ou à implosão dos espaços liberados.

Aqui nos chocamos com um limite sério. Nós podemos nos subtrair de vários dos vícios mercantis; podemos trabalhar para descapitalizar nossas maneiras de pensar e de agir; podemos recuperar uma parte esquecida das nossas capacidades de fazer. Mas não desaparece, no entanto, a *separação* que está na raiz do regime de heteronomia radical instaurado pelo capitalismo e que tem relação com o fato de que o controle dos recursos e dos principais meios de produção de bens e de serviços se encontra nas mãos DELES, e não nas nossas. É uma das razões pelas quais nossa potência de fazer colide, em um universo ainda capitalista, com limites tão sérios. E é por isso que nossos espaços liberados, tão importantes como o oxigênio nos permitindo sobreviver nas condições presentes e como bases de apoio para outros avanços, estão muito longe ainda de se assemelharem a esse mundo ao qual nós aspiramos, um mundo finalmente livre da peste da síntese capitalista.

É preciso, então, colocar mais uma vez a questão dos meios de produção? E pode-se fazê-lo de maneira em parte renovada? Por um lado, é evidente que os mais amplos espaços liberados são aqueles que foram capazes de recuperar capacidades produtivas ou territórios, incluindo terras e recursos naturais. E eles não puderam fazê-lo senão baseados em uma ampla mobilização coletiva organizada (por exemplo em Cherán, no México), ou até na dinâmica de uma situação insurrecional (no caso das usinas ocupadas na Argentina, a partir de 2001, ou no momento da guerra da água na Bolívia, em 2000), ou graças à onda de choque de uma sublevação armada (no caso dos zapatistas). Não é, portanto, exagerado considerar que, a partir de um certo limiar, a extensão dos espaços liberados passa pela reapropriação de capacidades produtivas, de territórios e de bens comuns, e supõe dispor da força coletiva necessária para conseguir.

Pode-se, contudo, traçar algumas diferenças claras com relação às concepções revolucionárias dominantes do século passado, ofuscadas pelo momento do choque frontal (como a centralidade do Estado como instrumento da coletivização dos meios de produção pela reforma agrária e a nacionalização das indústrias). Nós estamos bastante prevenidos contra os efeitos da instrumentalidade estatal e não intencionamos apostar tudo em uma Revolução no futuro. É indispensável se colocar a caminho desde agora, visto que a heteronomia criada pela separação entre produtores e meios de produção não é tão absoluta quanto parece: a possibilidade de operar nisso ao menos parcialmente ou contornar, graças à recuperação de nossa potência de fazer, é a própria substância dos nossos espaços liberados. E lembremos também – vimos no capítulo 3 – que não seria questão de tomar posse do conjunto dos meios de produção de bens e de serviços atualmente existentes. A ruptura com o capitalismo supõe muito mais desmantelá-los, quer dizer, abandonar uma parte considerável e reorientá-los em direção a fins coletivamente assumidos do que puder sê-lo. O desafio é, ao mesmo tempo, o de uma *reapropriação* e o de um *abandono*, e este último vale duplamente, como a derrubada de um maquinário de destruição e como dissolução da captação da nossa potência de fazer pelo aparelho produtivo. Trata-se, então, de nos reapropriarmos dos recursos produtivos socialmente pertinentes, mas também, e tanto quanto, de liberar nossa própria capacidade de fazer, atualmente subjugada pelos imperativos da valorização do valor. Em suma, nós podemos colocar a questão dos meios de produção de maneira parcialmente transformada, mas certamente não podemos evitar colocá-la.[161]

O contornar presente da heteronomia capitalista pode tomar várias formas. A recuperação da nossa capacidade de autoprodução alimentar diminui consideravelmente nossa dependência com relação ao mercado. Nossa potência de fazer pode, sem se inquietar com os meios de produção dos quais estamos separados, implementar-se em outros domínios, que se trate de produções artesanais repousando em um *savoir-faire*[162] próprio, mais do que em uma infraestrutura pesada, ou na oferta de serviços pelos quais a capacidade pessoal pode por vezes bastar a ela mesma.[163] Certamente, tais práticas colidem com inumeráveis dificuldades, pelo menos quando elas se afastam das formas admitidas no seio do sistema, mas não podem, tampouco, sustentar a expansão dos espaços liberados antes de ter que afrontar a questão da recuperação dos recursos e das capacidades produtivas atualmente integradas ao maquinário do valor.

Foi dito: nossos espaços liberados não podem se contentar com o que eles são. O desejo de uma vida verdadeiramente desembaraçada dos fetiches capitalistas deve fazer surgir suas insuficiências e pressionar para que se intensifiquem os esforços para estendê-los,

---

[161] Poder-se-ia, então, distinguir três segmentos no conjunto dos meios de produção: a parte que nós detemos nós mesmos (na medida em que tomamos consciência da nossa capacidade de fazer e a colocamos em ação); aquela que não existe senão em razão da hipertrofia do produtivismo capitalista e deve então ser destruída; aquela que pode ajudar a responder às necessidades reconhecidas como socialmente pertinentes e que convém, pois, de se reapropriar (não sem reorientar os objetivos e transformar as modalidades de funcionamento).

[162] N.T.: Em francês no original. Em português, "saber como", sentido dado a competência adquirida pela experiência em resolver problemas.

[163] Não se deduzirá, no entanto, que em um capitalismo no qual o conhecimento e a cultura teriam se tornado o coração da produção, nós nos teríamos transformado na plena encarnação das forças produtivas. Como foi mencionado no capítulo 1, uma tal análise (ver por exemplo Yann Moulier Boutang, *Le capitalisme cognitif, op. cit.*) repousa sobre um profundo exagero do papel do trabalho imaterial e cognitivo e sobre uma evacuação das realidades mais massivas do trabalho assalariado em escala mundial.

aprofundá-los e fazer com que eles se associem com outros espaços igualmente liberados. É preciso, então, colocar em jogo uma ampla capacidade de ação coletiva, sem que isso suponha passar pela centralidade de uma organização perene e unificada. Pode-se privilegiar muito mais os estabelecimento de redes – em ressonância – dos coletivos, assim como a convergência circunstanciada dos grupos e dos indivíduos em vista de lutas precisas (por exemplo, para bloquear um megaprojeto, opor-se aos transgênicos, defender um território ou se apropriar de tal espaço urbano ou rural). Trata-se, sob todas as formas imagináveis, de trabalhar para favorecer a "irrupção autônoma daqueles de baixo",[164] de inventar as práticas que podem contribuir para a liberação das insatisfações e das cóleras contidas, para sua propagação, sua cristalização e para seu conserto na ação. Existem momentos em que uma tal irrupção, por muito tempo aguardada, mas sempre inesperada, vem de repente romper a aparente submissão ao estado de coisas existente, enquanto acelera o contágio das dignas cóleras e a convergência das recusas em se aceitar o inaceitável. Engaja-se, então, um processo, geralmente muito rápido, de autoconscientização e de intensificação das capacidades cooperativas, que joga para longe o peso dos conformismos e abre outros possíveis que, alguns dias antes, permaneciam ainda insuspeitos. Esse processo pode tomar formas bastante experimentadas, como a greve geral ou a ocupação massiva e contínua de ruas e lugares públicos estratégicos, ou buscar outras modalidades, por exemplo, uma declaração de urgência nacional, ou internacional, culminando em suspender o curso de todas as atividades habituais – e não apenas aquelas do trabalho – a fim de promover a emergência coletiva de uma outra forma de vida.

 É em tais circunstâncias que, por vezes, os espaços liberados podem se arriscar na reapropriação dos recursos. Mas, quaisquer que sejam as formas, impossíveis de pré-definir,

---

[164] Sergio Rodríguez Lascano, *La crisis del poder y nosostr@s*, Rebeldia, México, 2010.

que possam tomar tais processos, não se pode ignorar a dimensão conflitual que eles implicam. É duvidoso que os dominantes renunciem aos seus privilégios sem combater e o confronto parece dificilmente evitável, salvo supondo-se – o que seria eminentemente desejável – que eles não encontrem mais mercenários para defendê-los, ou que o seu mundo tenha alcançado um tal grau de decomposição que eles não tenham mais os meios para sustentá-lo. Um tal momento de verdade deveria se colocar em jogo logo que o processo de migração de um mundo para o outro chegar ao momento de desmontar o aparelho de Estado e sua capacidade repressiva, de desmantelar um aparelho produtivo tornado largamente caduco pela eliminação da lógica louca da acumulação e do lucro.

Há, portanto, alguma razão em ultrapassar a oposição entre dois cenários supostamente incompatíveis. Assim que os combinamos, o sentido de cada um deles se encontra modificado. A ativação permanente de um devir revolucionário, apoiada na constituição presente de espaços liberados, basta para arruinar a mística expectante do Grande Acontecimento, expressão temporal concentrada da centralidade estatal. Ao mesmo tempo, as insuficiências desses espaços liberados e os limites contra os quais eles se chocam conduzem a não se fechar na única temporalidade do imediato e a preparar a irrupção de um desenvolvimento crescente da capacidade de ação coletiva, animado pela esperança em se livrar inteiramente da barbárie capitalista. Tudo começa aqui e agora, pela elaboração de espaços liberados, tão ínfimos sejam eles, tão íntimos sejam eles, mesmo quando nós estamos ainda imersos, de tantas maneiras, nesse mundo que recusamos. Mas na medida em que os espaços liberados conseguem crescer, entrar em ressonância uns com os outros, contribuir para o desencadeamento de outras abordagens convergentes, a violência das reações dos mestres do valor e seus lacaios tem todas as chances de se intensificar. Qualquer que seja o grau de conflituosidade desse processo, não se pode afastar a perspectiva de um período de transição, mais ou menos extenso no tempo, ao longo do qual a diluição definitiva da síntese capitalista dará um alcance inédito e em parte insuspeito, inclusive aos mais notáveis dentre os espaços já liberados anteriormente.[165]

CONTAR COM OUTRAS FORÇAS ALÉM DAS NOSSAS

Nós estamos a caminho. Nós nos propusemos a nos *descapitalizar*, apesar da força da lógica da mercadoria que tem a arte de absorver e de reciclar até as abordagens aparentemente mais antissistêmicas. No entanto, a força de nossa ação e de nossa determinação não seria suficiente se devesse confrontar uma dominação capitalista em plena saúde, mobilizando o lúgubre esplendor de sua dinâmica histórica e capaz de instilar no corpo social a firme convicção de sua legitimidade. Mas tal não é a situação hoje. A construção dos espaços liberados e o desenvolvimento contínuo do devir revolucionário devem, pois, ser combinados à consideração dos disfuncionamentos, afetando as engrenagens fundamentais do capitalismo.

Qualificar o período atual de crise terminal do capitalismo poderia simplificar nossa tarefa, atribuindo ao inimigo uma fraqueza irremediável (ainda que, do seu fim anunciado, pudesse surgir tanto uma sociedade emancipada quanto uma barbárie ainda maior). Mas, como já foi dito, parece imprudente assumir uma hipótese que supõe a predeterminação de um futuro inelutável e corre-se o risco de subestimar, uma vez mais, a capacidade de adaptação e de metamorfose do capitalismo. Por outro lado, é possível sustentar que a crise aberta em 2007-2008 dá

---

[165] Como nas transições sistêmicas anteriores, não se poderia negligenciar a importância crucial desse *período* (mais ou menos longo) de deriva e de completa reconfiguração, nem os fenômenos que inscrevem a transição em uma duração mais ampla (emergência e prefiguração parcial do novo mundo no seio do antigo, por um lado, e, de outro, sobrevivência parcial de certos traços do antigo no seio do novo).

testemunho dos obstáculos crescentes contra os quais colide a reprodução do capitalismo, e notadamente da sua dificuldade para criar uma quantidade de valor e de lucro que possa responder ao crescimento exponencial dos capitais em busca de valorização. Assim, o recurso massivo ao endividamento privado e público é o meio de superar a contradição entre a pressão sobre os salários e a necessidade de sustentar o consumo, da mesma maneira que, por um lado, restringe-se o perímetro do Estado, e por outro, necessita-se de suas intervenções, ambas características do ciclo neoliberal; mas há também a causa imediata da crise em curso. Mais profundamente, a busca por uma rentabilidade crescente, em um contexto de concorrência mundial, leva a uma substituição do trabalho humano por sistemas automatizados, que reduz consideravelmente a criação de valor e intensifica a contradição "entre a necessidade e a não necessidade do trabalho".[166]

Não diremos, então, que o capitalismo tropeça necessariamente em um limite absoluto (aquele que deveria encontrar, digamos, um sistema baseado em uma lógica de crescimento ilimitado se desenvolvendo em um mundo finito).[167] Mas será sugerido que os obstáculos para a reprodução do sistema (no seu núcleo central, que é a expansão do valor) não podem ser suplantados a não ser graças a "soluções" que criem, por sua vez, dificuldades ainda maiores (entre as quais aquelas que decorrem da deterioração da

---

[166] Anselm Jappe, *Crédit à mort, op. cit.* e Moishe Postone, *Temps, travail et domination sociale, op. cit.*, p. 541: o trabalho que os homens realizam sob o efeito do imperativo do valor se mantém, enquanto seu caráter supérfluo com relação às exigências da existência humana aparece de maneira sempre mais evidente.

[167] A fórmula acerta na mosca. Mas, sem negar certos limites objetivos (as reservas finitas de energias fósseis, por exemplo), talvez seja negligenciar a capacidade de metamorfose do capitalismo, e notadamente a intensidade de inovação tecnológica que pode, até certo ponto, deslocar os eixos de crescimento, de modo que o que aparecia por um tempo como um limite absoluto possa em seguida cessar de sê-lo. Que essas novas formas de crescimento sejam humanamente insuportáveis e ecologicamente devastadoras está bem claro, mas isso não significa necessariamente que elas sejam *impossíveis* (do ponto de vista do capital).

biosfera não são as menores). Tal diagnóstico nos basta, pois ele permite inscrever a construção dos nossos espaços liberados em um processo geral de esgotamento progressivo das condições de reprodução do sistema capitalista. Não está excluído, portanto, vislumbrar – ou esperar – que os dois fenômenos evocados possam se entrelaçar e se reforçar mutuamente, que a multiplicação dos nossos espaços liberados contribua para avivar as contradições sistêmicas e que, ao mesmo tempo, estas operem novas oportunidades para os espaços que nós construímos.

Há ainda outro fator, sem dúvida decisivo: o ecocídio acelerado que provoca a expansão do produtivismo cego do capitalismo. Não é absolutamente necessário lembrar a lista das devastações, desde os efeitos da disseminação dos transgênicos até a contaminação do ar, dos solos, dos lençóis freáticos, dos cursos d'água e dos oceanos pelos dejetos tóxicos jogados pelas indústrias e pela extração mineradora, passando pelo desflorestamento e pela superexploração de muitos outros recursos. Mas resta tomar plenamente consciência do que o aquecimento global está em vias de provocar. Com efeito, este não pode mais ser mantido nos limites (supostamente razoáveis) de um aumento médio de dois graus centígrados e ele está comprometido com uma trajetória que leva a pelo menos quatro graus suplementares.[168] Isso significa uma elevação do nível médio dos oceanos de um ou dois metros, milhões de deslocados climáticos, ondas de calor e secas dramáticas, chuvas torrenciais e ciclones cada vez mais violentos, destruições repetidas das colheitas, gigantescos deslizamentos de terra com parte de vilas engolidas, o desaparecimento de um terço das espécies animais e vegetais, a acidificação dos oceanos e a dissolução dos corais, o desaparecimento da floresta amazônica e muitos outros ecossistemas dos quais depende a vida de povos inteiros, a redução das terras aráveis, o aparecimento de

---

[168] Relatório do Banco Mundial, *Turn down the heat. Why a 4°C warmer world must be avoided,* World Bank, novembro, 2012.

novos insetos prejudiciais, atacando as culturas, a expansão de doenças tropicais sobre populações sem defesa imunológica, o aumento das desigualdades e das tensões sociais, a falta de água e a intensificação dos conflitos por seu controle, a captação cada vez mais desmedida de terras cultiváveis por países como a China ou a Coreia etc. Esse panorama constitui ainda um cenário mais moderado, visto que o ponto em que os fenômenos de retroação, de encadeamento e de aceleração não linear dos efeitos faz da mudança climática um processo extremamente complexo e em parte imprevisível. Tudo isso, junto com a incapacidade das instâncias internacionais de promover medidas cautelosas, poderia conduzir a colapsos ecossistêmicos em cadeia, a um aquecimento da ordem de oito ou nove graus (ao menos no horizonte do próximo século), a um desaparecimento completo dos gelos polares, a uma elevação do nível oceânico médio da ordem de quinze metros, a uma interrupção das correntes marinhas que desempenham um papel essencial na regulação térmica do planeta etc.

Será possível que um nível tão elevado de destruição do meio de vida, sem falar das agressões contra a saúde humana, que se multiplicam ao mesmo tempo que as substâncias tóxicas escondidas sob as aparências sedutoras das mercadorias, permaneça sem provocar reações? O que essas manifestações do produtivismo capitalista já começaram a provocar, em uma escala crescente sem fim, é uma reação da própria Mãe Terra.[169] Às agressões humanas, ela responde e responderá com cólera e violência, confrontando os humanos com pragas de uma intensidade cada vez maior e, para alguns, de uma natureza inédita. Seria possível que os humanos, confrontados com essa rebelião

---

[169] Isabelle Stengers evoca a "intrusão de Gaia" como força implacável que obriga que se reformule todos os parâmetros do pensamento da emancipação e que se desenvolva de maneira urgente práticas e formas de organização novas (*Au temps des catástrofes. Résister à la barbarie qui vient*, La Découverte, Paris, 2009 [Em português: *No tempo das catástrofes*, São Paulo, Cosac Naify, 2015]).

da Mãe Terra, permanecessem inteiramente insensíveis e não começassem a se interrogar? É possível que eles não percebam que alguma coisa deve ser mudada? Que eles não cheguem a duvidar dos méritos do capitalismo, apreendendo no desastre circundante a evidência da sua deslegitimação? Certamente, é indispensável sublinhar que o fato de estar confrontado a uma tal situação, tão dramática seja ela, não poderia conduzir a identificar automaticamente no produtivismo capitalista a causa principal de tantos males. É por isso que um terreno de luta decisivo pode estar situado nesse ponto preciso. Está claro que as instituições e os meios de comunicação se esforçam e se esforçarão para minimizar os fatos o máximo possível, mas também, e sobretudo, para envelopá-los em estratégias de naturalização, de banalização fatalista e de fragmentação presentista (com a finalidade de evitar que o que se anuncia dê sua intensidade de sentido ao que já existe), mas não sem associá-los a perspectivas de contenção tecnológica ou justificar formas de controle crescentes das populações. Diante disso, nos incumbe fazer compreender que a cólera da Mãe Terra é o resultado direto da lógica capitalista da produção-pela-produção e de um modelo de civilização fundado sobre a dominação e a instrumentalização da natureza. Sob a condição (o que está longe de ser dado) de chegar a anular a força dos anestesiantes oficiais, seria possível que o instinto de sobrevivência da humanidade, afetado nas suas condições de vida e na possibilidade mesma de sua existência, se tornasse um aliado poderoso na luta anticapitalista e no nosso caminhar para um mundo não capitalista.

Finalmente, nossa oportunidade poderia se ligar à confluência de três fenômenos suscetíveis de se combinarem e de se reforçarem mutuamente: a) nossa capacidade para defender e estender espaços parcialmente liberados, prefigurando subjetividades e relações intersubjetivas não capitalistas; b) a intensificação da crise estrutural do capitalismo e das suas dificuldades crescentes para suplantar os obstáculos e as contradições engendradas pela sua própria reprodução; c) e, enfim, a insurreição da Mãe Terra que grita o caráter insuportável do produtivismo compulsivo e mortífero do capitalismo.

NÓS ESTAMOS A CAMINHO. Nós começamos a construir uma outra realidade, sem perder de vista a luta contra os avanços da mercantilização e sem esquecer que todo novo território liberado se ganha e se estende através de uma resistência constante à pressão ambiente. Engajar *desde agora* a multiplicação das experiências, em todas as escalas concebíveis, não supõe de forma alguma afastar toda a preocupação com uma temporalidade por vir, e menos ainda negligenciar os esforços de preparação aos quais ela engaja. Trata-se de reconciliar a construção no presente, a preparação do iminente e a antecipação dos pontos de ruptura sistêmica que seria insensato não vislumbrar.

Mas nós apostamos também que está em ação um processo que nos ultrapassa. Esta não é uma transição no sentido de uma passagem inelutável pela linha bem balizada das etapas da história. Não há sobre isso nenhuma certeza, somente uma possibilidade que verá a luz do dia se uma conjunção favorável se estabelecer entre nossos esforços para criar espaços liberados e as tendências que tornam, sem cessar, mais agudas as dificuldades de reprodução do sistema capitalista. Pode-se, com uma certa prudência, considerar como um sintoma desse esgotamento a perda de consistência das categorias da modernidade, tais como o credo do Progresso ou a grande partilha entre Natureza e Cultura. Mesmo que continuem a ser desenterradas pelos discursos dominantes, elas perderam sua antiga ascendência e se fissuram por todas as partes. Em um processo de transição, é compreensível que a crítica dessas categorias assuma mais frequentemente formas limitadas pelos próprios horizontes da sociedade de mercado, ao mesmo tempo que elas prefiguram parcialmente a revolução antropológica que implica o caminhar para um mundo pós-capitalista. É verdade também que certos desenvolvimentos tecnológicos recentes, no domínio das energias renováveis ou no que concerne à reprodutibilidade e à circulação (gratuita) de recursos digitais, podem constituir aportes preciosos para a futura sociedade do comum.[170] Todavia, não se adotará um esquema histórico que situaria nossa salvação em uma trajetória, mergulhando as tendências em ação no próprio capitalismo (o que conduz a uma postura política visando acompanhar e encorajar a plena implementação dessas dinâmicas).[171] É uma visão confiante demais nas potencialidades positivas de um sistema cuja natureza destruidora se destaca de muito longe. E é reproduzir, sob muitos aspectos, uma concepção linear, e em seu fundo modernista da história segundo a qual a emancipação não poderia ser procurada senão para o *adiante* daquilo que está em obra no capitalismo, do qual seria necessário, então, acompanhar e amplificar as tendências inovadoras para chegar à nova etapa esperada. Admitir-se-á, pelo contrário, que não há transição garantida e que esta não pode se conceber como uma clássica superação, levada pela potência libertadora da cognição numérica. Ela deveria muito mais consistir em um bloqueio da dinâmica destruidora do capitalismo e em uma redistribuição das temporalidades, de modo que o inédito da emancipação cesse de ter por desprezível tudo o que a modernidade havia rejeitado em um passado sem futuro.

[170] André Gorz, *Écologica, op. cit.*
[171] Faz-se referência aqui aos trabalhos já citados de Michael Hardt e Antonio Negri. Essa postura é explicitamente reivindicada por Michael Hardt em sua discussão com John Holloway: "um projeto político que afirma o valor de uso acima do valor de troca é um esforço nostálgico para recapturar a ordem social pré-capitalista" quando se trata, segundo ele, de buscar "atravessar a sociedade capitalista para sair pelo outro lado" ("Una polémica sobre concepciones y perspectivas acerca de la revolución. *Commonwealth y agrietar el capitalismo. Una lectura mutua*", Herramienta, n. 49, março de 2012, <https://herramienta.com.ar/articulo.php?id=1647>).

Nenhum modo de produção foi destruído pela classe explorada: nem a escravidão pelos escravos, nem o feudalismo pelos servos ou outros dependentes. O capitalismo não pode, sobretudo, sê-lo pela classe trabalhadora enquanto tal, qualquer que seja a importância da luta de todos os explorados, de todos os oprimidos, em um tal processo.[172] Historicamente, as forças exteriores ao antagonismo de classe principal sempre foram decisivas na transição de um sistema para outro. Hoje, talvez o levante da Mãe Terra seja essa força inédita, suscetível de trazer uma contribuição maior à desagregação da sociedade capitalista, ao final do reino da Economia, ao desmoronamento desse mundo que não é mais o nosso.

Certamente, por ela mesma e furiosa como é, a Mãe Terra sem dúvida não pode destruir o capitalismo senão destruindo a espécie humana como um todo. Não se trata de se remeter misticamente a uma Entidade personificada e por essência libertadora. Mais modestamente, e levando em consideração o conjunto dos fatores analisados neste capítulo, nossa esperança é a de que uma parte enfim consequente da humanidade se alie à Mãe Terra para apressar o passo e para terminar com o capitalismo antes que este acabe conosco.

Talvez seja somente com a ajuda da Mãe Terra que nós possamos chegar a dar uma força suficiente aos nossos esforços para construir um mundo novo. A luta contra o capitalismo é a luta de todos os despossuídos, pela humanidade inteira. Ela não pode ser conduzida em nome de uma classe apenas, nem mesmo no da não classe dos excluídos, mas somente em nome da humanidade

---

[172] Moishe Postone demonstrou até que ponto era teoricamente errado atribuir ao proletariado o estatuto de sujeito revolucionário (*Temps, travail et domination sociale, op. cit.*, notadamente p. 521). Sua análise mostra que a classe definida pelo trabalho não podia ser o agente da superação da sociedade do trabalho. Pela mesma razão, o socialismo, entendido como a plena realização do poder do proletariado como classe, não podia significar outra coisa além da perpetuação, sob formas específicas, do capitalismo.

e de sua realização efetiva, na sua diversidade constitutiva.[173] É a luta da biocomunidade humana e não humana pela sobrevivência e para a alegre realização do Bem Viver para todas e todos.

---

[173] Que alguns tenham mais interesse na superação do capitalismo do que outros e que eles sejam levados a desempenhar aí uma parte mais ativa, é muito claro. Mas isso não deve restringir as forças da emancipação. Esta deve ser conduzida em nome daquilo que ela permite concluir, a saber, a plena realização da humanidade – com uma razão ainda mais forte quando a emancipação está tão fortemente ligada com a salvaguarda da própria possibilidade da vida, humana e não humana.

CONSIDERAÇÕES FINAIS

NENHUM CAMINHO ESTÁ TRAÇADO E JAMAIS EXISTIRÁ *UM* CAMINHO

NÓS COMEÇAMOS A FAZER O MUNDO com o qual sonhamos. Nós estamos a caminho.

Nosso NÃO ao capitalismo é irremediável. Nosso NÃO à máquina louca da produção-pela-produção, cujo avanço engendra sofrimentos e injustiças, ecocídio generalizado e desapropriação das nossas faculdades de vida. Nós começamos a transformar nossos atos e nossas atitudes, nossas maneiras de ser, de sentir-pensar e de compartilhar. Sabemos tudo o que ainda falta. O caminho é longo e é provável que nós não imaginemos completamente tudo o que abre o nosso NÃO ao capitalismo. O caminho é longo, mas nós começamos a traçá-lo e a construir nossos SINS. Nós caminhamos, sem certeza, questionando tudo a cada passo, animados pela convicção de que outros mundos podem crescer e pela esperança de que eles podem substituir a globalidade capitalista.

Experimentar modalidades de autogoverno que recusem a forma-Estado; circunscrever maneiras de produzir livres da lógica insensata e destruidora da expansão ilimitada do capital; deixar livre as passagens para modos de afirmação das subjetividades favorizando a proliferação das multiplicidades e do dialogismo intercultural. Esses três domínios, explorados nos capítulos deste livro, desenham os contornos de um anticapitalismo não estatal, não produtivista e não ocidentocentrado. Tantas opções que se afastam fortemente das posturas dominantes no seio dos movimentos antissistêmicos do século XX. De fato, trata-se de nos liberarmos do fetichismo da mercadoria, mas também, e ao mesmo tempo, do fetichismo do Estado. Há aí duas modalidades estreitamente ligadas de uma mistificação das relações sociais, sob os disfarces de uma entidade investida de uma existência aparentemente autônoma, duas manifestações combinadas de um princípio de separação e de uma lógica de abstração e de uniformização características do universo capitalista. Ora, o produtor-consumidor-cidadão não quer mais nem a desapropriação de sua atividade nem a desapropriação da sua capacidade de decisão: é-lhe necessário se libertar ao mesmo tempo da servidão às injunções da produção-consumo e da aceitação impotente dos mecanismos de controle estabelecidos pelo aparelho estatal e pelos corpos de *experts*, em nome do suposto interesse coletivo ou, mais frequentemente ainda, da adaptação necessária aos condicionantes sistêmicos.

É por isso que a autonomia, enquanto princípio que faz dispersar a verticalidade estatal e a separação instituída entre governantes e governados, é também a forma de organização pela qual as comunidades humanas podem decidir democraticamente o que convém ou não produzir, submetendo a produção tida por pertinente às opções da vida coletivamente assumidas (e deixando a parte individual do fazer à liberdade de cada um). Liberando a humanidade do fardo de uma dupla abstração – aquela que se situa no coração da mercadoria e aquela que encarna o Estado enquanto modo de constituição totalizante da coletividade –, o regime da autonomia restitui a possibilidade de uma organização dos coletivos humanos *a partir* da proliferação de sua diversidade concreta (e aquela de uma constituição da humanidade em seu todo *a partir* da sua multiplicidade constitutiva). Supõe-se pensar e instaurar a coordenação a partir da extensão das diferenças, e não a partir da redução ao Um.

A abolição do capitalismo é abolição da totalidade, e é ao reino de uma tripla abstração que ela põe fim: aquela da mercadoria (cuja verdade, descurada da natureza concreta e múltipla das coisas produzidas, cabe inteira em uma única medida, em tempo de trabalho ou em dinheiro), aquela do Estado (e do conjunto das formas políticas baseadas na representação substitutiva de entidades tidas como unificadas) e aquela do Universal (como construção abstrata do Homem, mascarando uma universalização dos valores particulares do Ocidente). Destruir a máquina louca da produção-pela-produção, cujo motor é a autoexpansão do valor é o que, sozinho, pode liberar a expansão de multiplicidades, em todos os registros da existência individual e coletiva. Torna-se então possível remeter as atividades produtivas a uma só consideração de uso concreto dos bens e de delimitá-los em função das escolhas de *vida*, tal como ela quer ser vivida. Torna-se possível colocar à prova uma política da autonomia, partindo das capacidades e das dignidades singulares e experimentando "formas não totalizantes de coordenação".[174] Torna-se possível liberar a expansividade criativa das subjetividades e multiplicar as capacidades de fazer e de experienciar. Torna-se possível experimentar um mundo onde haja lugar para inúmeros mundos. Um mundo de diferenças capazes de se proporcionarem umas em relação às outras, de se enriquecerem com suas convergências como com suas divergências. Um mundo de lugares particularizados e de memórias heterogêneas. Um mundo feito de múltiplas maneiras de conceber e de colocar em prática o Bem Viver.

Um anticapitalismo não estatal, não produtivista, não etnocêntrico e, claro, não patriarcal, é um anticapitalismo da democracia radical de autogoverno, do Bem Viver para todos e da expansão multiforme e proporcionada das subjetividades. O caminho se afasta grandemente das velhas receitas revolucionárias cujas experiências do século XX mostraram um fracasso tão trágico que este pareceu, por um tempo, estar a ponto de enterrar toda perspectiva de transformação social radical. Mas ele pode se conectar à trilhas mais subterrâneas dos povos que souberam resistir à força destruidora da colonização e do capitalismo e manter formas de vida em parte preservadas dos seus fetichismos. As possibilidades que esboçamos aqui fazem ressurgir as esperanças emancipadoras de múltiplos passados,

---

[174] Moishe Postone, *Temps, travail et domination sociale*, op. cit., p. 125.

mas indicam caminhos inéditos em busca de experiências ainda inimagináveis em seus potenciais de criatividade e de vida digna para os humanos e os não humanos.

NENHUM CAMINHO ESTÁ TRAÇADO E JAMAIS EXISTIRÁ UM CAMINHO. *No entanto, é mais do que tempo de acelerar o passo. De nos preparamos para o imprevisível.*

Nossas dignidades já reencontram a potência necessária para sacudir as formas de humilhação e de despossessão que a sociedade da mercadoria instila nas nossas maneiras de ser.

Estimulado pela deslegitimação crescente do sistema capitalista e pela evidência da sua loucura humanicida e ecocida, nosso senso do futuro se reanima. Digna raiva face aos insultos do presente e ardente impaciência de experimentar uma outra existência pessoal e coletiva se entrelaçam e se fortificam mutuamente.

Sabemos que um mundo liberado da dupla tirania da mercadoria e do Estado, do dinheiro e do trabalho especializado é possível, necessário e urgente. Um mundo onde a produção de bens e serviços estaria submetida às escolhas coletivamente assumidas, no respeito da parte não humana da biocomunidade e de maneira a permitir a todos os humanos gozar igualmente do Bem Viver. Um mundo onde mulheres, homens e transgêneros, iguais em suas diferenças, seriam livres para assumir suas posturas de gênero de maneiras múltiplas e fluidas. Uma sociedade do fazer reconciliada e da distensão temporal. Uma sociedade da infância e da intensificação dos prazeres e das alegrias. Um mundo feito de numerosos mundos.

Nada está escrito, mas ao menos sabemos ao que nos agarrar: ao capitalismo ou à vida!

ANEXO

ELEMENTOS PARA UMA ESTIMATIVA DO TEMPO DE ATIVIDADE SOCIALMENTE NECESSÁRIO EM UMA SOCIEDADE PÓS-CAPITALISTA

AS HIPÓTESES FORMULADAS no capítulo 3 requerem algumas precisões. Antecipou-se, com efeito, que na sociedade pós-capitalista descrita aqui, o essencial da produção de alimentos e de bens manufaturados, assim como os serviços de base necessários para a coletividade poderiam ser assegurados graças a uma atividade igualmente distribuída entre todos os seus membros e permanecendo inferior a 12 ou 16 horas por semana (ao que se acrescentam entre 10 e 12 horas dedicadas às tarefas de organização da vida coletiva, das quais não tratamos neste anexo). A ordem de grandeza desse cálculo importa mais do que sua eventual precisão, tanto quanto ele depende de escolhas coletivas que não se poderia pré-julgar. Convém, entretanto, precisar de qual maneira ele foi estabelecido.

1) Aproximadamente metade da força de trabalho atualmente mobilizada se consagra às tarefas que se pode admitir que serão reconhecidas como perigosas e inúteis. A população ativa mundial se divide hoje entre os setores primário (33,5%), secundário (22,5%) e terciário (44%).[175] Da população ativa do setor terciário, pode-se estimar que apenas de 5 a 8% correspondem a atividades que serão consideradas como pertinentes na sociedade pós-capitalista e escapam, pois, aos cortes cuja lista esboçamos no capítulo 3: essencialmente, as redes de cuidados e de saúde pública, uma rede de distribuição encaminhada a proporções modestas, assim como a parte dos transportes organizada coletivamente. Da população ativa do setor secundário, pode-se estimar que um pouco mais da metade está empregada nas produções destinadas a ser

[175] Organização Internacional do Trabalho (OIT), dados de 2012 (<www.ilo.org/global/research/global-reports/global-employment-trends/2013/WCMS-202326/lang--fr/index.htm>).

eliminadas. Resulta dessas duas indicações que ao menos a metade da população ativa está atualmente empregada para produzir bens e serviços que desaparecerão do horizonte da sociedade pós-capitalista. Sobre a única base desta primeira estimação (e sem minimizar o conjunto das transformações radicais que conduziria a formular a equação em termos completamente outros), é concebível produzir o conjunto dos bens e serviços julgados socialmente necessários, reduzindo com isso o tempo de trabalho pela metade.

2) O caso do setor primário é mais delicado de se avaliar. O primeiro ponto que se deve levar em consideração é o fato de que a produção global atual é quantitativamente suficiente para assegurar a alimentação do conjunto da população mundial. A disponibilidade alimentar mundial é de 2790 calorias por dia e por pessoa (dados de 2001-2003), o que poderia ser suficiente.[176] A subalimentação que afeta hoje um bilhão de indivíduos poderia ser erradicada pela reorganização da produção, notadamente com uma reorientação em direção à multiplicidade das culturas de víveres e a um reequilíbrio do estoque calórico, demasiadamente mal distribuído (3490 calorias por dia e por pessoa nos países desenvolvidos, contra 2254 na África subsaariana). Quanto à desnutrição (carências em vitaminas e minerais) e ao seu contrário, a obesidade e o sobrepeso (provocados essencialmente pela difusão dos hábitos alimentares promovidos pelo setor agroalimentar e a grande distribuição), que afetam um em cada um bilhão de indivíduos, elas poderiam ser reabsorvidas, sem argumentação quantitativa global, por uma reorientação para uma agricultura camponesa desenvolvendo práticas agroecológicas. Se a agricultura industrial atual faz valer de maneira truncada sua superioridade, notadamente

---

[176] Organização das Nações Unidas pela alimentação e agricultura (FAO), *La situation mondiale de l'alimentation e de l'agriculture*, relatório 2009 e, sobretudo, para a questão desenvolvida aqui, relatório de 2006 (www.fao.org/docrep/009/a0800f/a0800f00.htm).

em termos de produtividade por hectare, uma avaliação mais global, incluindo o conjunto dos custos diretos e indiretos (notadamente ecológicos), convida a fazer com que a balança da eficácia penda para o lado da agricultura camponesa. De fato, a agricultura industrializada é levada por um círculo vicioso, marcado notadamente pelo esgotamento e a salinização dos solos, a multiplicação dos insetos resistentes aos pesticidas, a alta das patologias das criações de animais; ademais, ela provoca uma baixa do poder nutritivo dos produtos, notadamente das frutas e legumes de rápido crescimento.[177] Enfim, é preciso indicar que as superfícies agrícolas consagradas a culturas não alimentares (agrocarburantes notadamente) devem ser restituídas para sua vocação inicial, o que oferece uma margem de manobra importante para assegurar ao conjunto da humanidade uma alimentação quantitativamente e qualitativamente satisfatória. Dispõe-se igualmente de duas outras alavancas importantes para atingir e manter esse imperativo elementar: por um lado, uma limitação de criação de animais, particularmente glutona em energia e em superfícies (40% dos grãos atualmente produzidos são destinados à alimentação animal) e ecologicamente perigosa (importantes emissões de gás de efeito estufa); por outro lado, uma eliminação do desperdício alimentar (avaliado em pelo menos 30% no sistema alimentar industrial mundial, e de 100 bilhões de dólares por ano unicamente nos Estados Unidos).[178]

Quanto à população camponesa, poderia ela diminuir ou se manter em seu nível atual? Este é um fato muito desigual. Nos países desenvolvidos (onde a população ativa no setor primário oscila entre 1 e 4%), a passagem de uma

---

[177] Para uma análise de conjunto da oposição entre agricultura industrial e agricultura camponesa, ver Silvia Pérez-Vittoria, *Les paysans sont de retour*, Actes Sud, Arles, 2005.
[178] Groupe ETC, *Qui-nous-nourrira?*, Communiqué 102, novembro 2009 (<www.etcgroup.org/fr/content/qui-nous-nourrira>).

agricultura industrializada a uma agricultura camponesa preocupada com a qualidade e ecologicamente responsável poderá levar a um aumento do tempo socialmente necessário para a produção dos bens alimentares. Em inúmeras outras regiões do mundo, uma diminuição da carga global de trabalho agrícola será sem dúvida possível e desejável (sob a condição de ser livremente escolhida). Acrescentemos, enfim, que essa diminuição ganha todo seu sentido se levamos em consideração a lógica de autoprodução característica da sociedade pós-capitalista. A autoprodução de bens alimentares, que concerne ainda hoje uma porção notável da população urbana (estima-se em 800 milhões o número dos habitantes das cidades do Sul que produzem uma parte de sua alimentação),[179] poderia ser generalizada e permitir a todos e a cada um, nas cidades desurbanizadas do mundo pós-capitalista, criar algumas aves, produzir frutas e legumes e até mesmo certos cereais, de maneira a cobrir uma parte das necessidades próprias.

3) A população ativa está levemente superior a três bilhões de pessoas, cifra que inclui um número de desempregados que a crise fez cruzar a barra dos 200 milhões.[180] Mas, em uma sociedade pós-capitalista, o número de pessoas ativas não seria mais limitado pelas regras de acesso ao mercado de trabalho, e as tarefas socialmente necessárias seriam repartidas de maneira equitativa entre todas as pessoas suscetíveis de com elas contribuírem (garantindo, ao mesmo tempo, àqueles que estariam impossibilitados de contribuir com sua ajuda as mesmas condições de vida dignas que a todos os outros). Para além dos 200 milhões de desempregados, convém, então, acrescentar à população contribuindo com as tarefas de produção de bens e de serviços, 1,1 bilhão de pessoas em idade

---

[179] Mencionado em Groupe ETC, *ibid*.
[180] OIT, relatório de 2009.

de trabalhar, mas não participando atualmente do mercado de trabalho.[181] O número de pessoas entre as quais convém partilhar as tarefas socialmente necessárias se encontrariam, pois, aumentado em torno de 50%.

Poder-se-ia acrescentar ainda, mas não se leva em conta esse elemento aqui, que seria completamente possível fazer participar as crianças, a partir dos 12 anos aproximadamente, em certas tarefas produtivas simples e não exigindo um esforço físico inadequado. Despida de todo caráter intensivo e concebida de maneira simultaneamente lúdica, formadora e no mais completo respeito das necessidades e das possibilidades próprias de cada idade, uma tal prática não teria evidentemente nada em comum com o detestável trabalho superexplorado e patogênico do qual sofrem hoje centenas de milhões de crianças: seria muito mais um espaço concreto de aprendizado e uma maneira de responsabilização através da participação ativa nos espaços de construção do fazer coletivo. Além disso, deixando a atividade de ser um trabalho constrangedor e exaustivo do qual todos pensam apenas em se livrar, pode também colocar-se a questão de manter uma contribuição para as tarefas coletivas de pessoas "de uma certa idade" (*de edad*, diz-se judiciosamente em espanhol), sob a condição de que ela permaneça voluntária e se exerça em domínios compatíveis com a condição física, o que teria a grande vantagem de permitir usufruir da sua experiência e manter uma integração social durável. Todavia, as duas questões levantadas há pouco podem suscitar reticências e requerem uma discussão coletiva. Nos abstemos de levá-las em consideração nos cálculos aqui propostos.

---

[181] A razão população ativa/população em idade de trabalhar se estabelece globalmente em 65% em 2008 (OIT, relatório 2009).

4) A alta da população mundial, que não poderia ser represada em um prazo breve, é um parâmetro importante, mas não modifica sensivelmente as proporções propostas aqui.

5) Uma possível alta generalizada da produtividade (a qual alguns pensam, como mencionou-se no capítulo I, que poderia permitir, em pouco tempo, suprir o conjunto da produção de bens e de serviços com apenas um quinto da população ativa) não foi levada em conta aqui. É provável que ela esteja ligada a formas de intensificação e de racionalização produtivista do trabalho que não terão seu lugar em uma sociedade pós-capitalista. A preocupação com as condições óptimas de atividade (do ponto de vista da segurança, da convivialidade e da coparticipação nas escolhas organizacionais), junto com os efeitos da desespecialização, tenderá muito mais a frear os ganhos de produtividade. Todavia, mesmo que não se trate mais do critério primordial, não está excluído que o progresso de tecnologias avançadas e adaptadas, humanamente e ecologicamente compatíveis, possa ajudar a reduzir o tempo de atividade socialmente necessário para certas produções. Isso poderá constituir um "reservatório" suplementar para restringir ainda mais o tempo coletivamente destinado à produção de bens e serviços.

6) É com base, então, no ponto I (a metade da população ativa atual será "liberada" pela supressão de uma multidão de tarefas julgadas inúteis) e no ponto 3 (aumento – à população constante – de 50% do número de pessoas disponíveis para realizar as tarefas socialmente necessárias) que se chega ao cálculo aqui adotado, ou seja, aproximadamente 16 horas de atividades socialmente necessárias por pessoa e por semana (o tempo de trabalho por pessoa necessário para produzir os bens e serviços efetivamente mantidos deve ser dividido por dois, para levar em consideração o ponto I, depois multiplicado por 2/3 para levar em conta o ponto 3: o resultado seria da ordem de 14 horas, mas opta-se por um cálculo prudente em razão de uma provável lógica tendendo a desfazer pouco a pouco o rigor das limitações horárias). Várias pistas sugeridas precedentemente, mas não consideradas aqui, poderiam fazer baixar a estimação para aproximadamente 12 horas por semana. É o caso notadamente se admitirmos um alargamento mais forte ainda da parte da população contribuindo com as tarefas coletivas. Além do mais, é bem possível que uma repartição equitativa das cargas da produção alimentar possa ser obtida mobilizando uma parte da população menor do que aquela que foi sugerida aqui, sobretudo se levarmos em conta o aumento global da população mundial e a poliatividade global característica do mundo camponês, pelo menos no Sul (com efeito, os cálculos apresentados aqui supõem, com relação à situação atual, multiplicar por dois e meio o número de pessoas engajadas em tarefas de produção alimentar, ou seja, 2,5 bilhões de pessoas; ora, contas feitas dos fatores evocados precedentemente, parece possível garantir a produção alimentar necessária para a humanidade através de um engajamento sensivelmente menor, o que seria suficiente para reduzir o tempo semanal consagrado às tarefas de produção de bens e serviços a 10 ou 12 horas).

AGRADECIMENTOS

ESTA OBRA NÃO TERIA COMEÇADO A EXISTIR sem a dinâmica coletiva do seminário alternativo "Évaluer le capitalisme" (EHESS, primavera 2009), realizado no quadro das mobilizações contra a reforma universitária dita "LRU".

Ela deve muito a todos aqueles que participaram, bem como às observações e críticas dos seus primeiros leitores. Que sejam particularmente agradecidos Claudine Baschet, Jean-Claude Bonne, Elisa Brilli, Julien Demade, Pierre-Olivier Dittmar, Thomas Golsenne, Misgav Har-Peled, Anselm Jappe, Jean-Paul Le Marec, Michael Löwy, Rocío Martinez, Aline Pailler, Jean Robert, Marc Tomsin e Jean Wirth.

Este livro deve o essencial de sua inspiração à energia rebelde dos membros do EZLN, aos quais ele é dedicado.

É em terra chiapaneca que ele ganhou sua forma atual, nutrindo-se dos aprendizados que se elaboram semana após semana, mês após mês, ano após ano, nos seminários do CIDECI-Universidad de la Tierra de San Cristóbal de las Casas. Eu avalio o que o presente ensaio deve a esse espaço, a cada um(a) daquele(a)s que participam dele e a Raymundo Sánchez Barraza, que é o coordenador.

É graças a Rémy Toulouse, Laurent Jeanpierre e Christian Laval que este livro encontrou seu feliz destino editorial; eu lhes sou particularmente agradecido, bem como às suas sugestões fundamentadas quando da revisão final do texto.

A MATÉRIA DE CERTOS CAPÍTULOS SE beneficiou de apresentações na ocasião dos Seminários internacionais de reflexão e análise, organizados pelo CIDECI-Universidad de la Tierra, em dezembro e janeiro de 2009-2010, 2011-2012 e 2012-2013. Versões preliminares foram acolhidas pela revista *Réfractions* (25, 2010, p. 47-56) e nos sites *Éditions papiers* (junho de 2009, www.editionspapiers.org/publications/construire-l'autonomie-le-commun-sans-l'état) e *La voie du jaguar* (janeiro de 2013, www.lavoiedujaguar.net/Noussommes-deja-en-chemin-creant). Eu agradeço vivamente os coordenadores.

**RESISTÊNCIAS GLOBAIS,
PUBLICAÇÕES LOCAIS**

PARA LER COM O CORPO!

Dados Internacionais de Catalogação na Publicação
(CIP) (eDOC BRASIL, Belo Horizonte/MG)

B298a

Baschet, Jérôme

Adeus ao capitalismo: autonomia, sociedade do
Bem Viver e multiplicidade dos mundos / Jérôme
Baschet; tradução João Gomes – São Paulo:
Autonomia Literária; GLAC edições, 2021.

192 p.: il.; 14cm x 21cm.

Título original *Adieux au capitalisme: autonomie,
société du bien vivre et multiplicité des mondes*
Inclui índice e anexo.
ISBN Autonomia Literária: 978-65-86598-09-4
ISBN GLAC edições: 978-65-86598-11-7

1. Ciências Sociais. 2. Capitalismo – Aspectos
Sociais. I. Gomes, João. II. Título.

CDD 306.36

Elaborado por Maurício Amormino – CRB-6/2422

Autonomia Literária
ISBN 978-65-87233-62-8

GLAC edições
ISBN 978-65-86598-11-7

O projeto gráfico deste livro foi desenvolvido pela
GLAC edições, impresso nos papéis Pólen Soft
80gr (miolo) e Off Set LD 240gr (capa),
nas fontes das famílias Acumin Variable,
Cheap Pine e Plantin MT, impresso
em setembro de 2021
pela Gráfica BMF